과학 교과 연계

3학년 1학기
2단원. 물질의 성질
3단원. 동물의 한살이

3학년 2학기
2단원. 동물의 생활
4단원. 물질의 상태

4학년 1학기
5단원. 혼합물의 분리

4학년 2학기
2단원. 물의 상태 변화

5학년 1학기
2단원. 온도와 열
4단원. 용해와 용액

글 서지원

강릉에서 태어나 한양대학교를 졸업하고 〈문학과 비평〉에 소설로 등단했어요. 지식과 교양을 유쾌한 입담과 기발한 상상력으로 전하는 이야기꾼입니다. 지금은 어린 시절 꿈꾼 작가가 되어 하루도 빠짐없이 글을 씁니다. 서울시 올해의 책, 원주시 올해의 책, 문화체육관광부와 한국도서관협회가 뽑은 우수문학도서 등에 선정된 저서 외에도 2009 개정 초등 국정교과서와 고등 모델 교과서를 집필했습니다. 쓴 책으로 〈빨간내복의 코딱지히어로〉, 〈빨간 내복의 초능력자〉, 〈안녕 자두야〉 시리즈와 《호랑이 빵집》, 《황룡의 속담 권법》, 《4차 산업 혁명과 미래 직업 이야기》, 《나라에 일이 생기면 누가 해결하지?》, 《훈민정음 구출 작전》, 《우리 엄마는 모른다》, 《최고의 행복 수업》 등이 있습니다.

그림 한수진

오랫동안 어린이책에 그림을 그리며 살고 있습니다. 내가 그린 그림을 보며 어린이들이 책 읽는 즐거움을 한껏 누리면 좋겠습니다. 그동안 그린 책으로는 《악플 전쟁》, 《우리 또 이사 가요!》, 《국경을 넘는 아이들》, 《치즈 붕붕 과자 전쟁》, 《바른 말이 왜 중요해?》, 《급식 마녀와 멋대로 마법사》 등이 있습니다.

몹시도 수상쩍다
1. 골때리게 재미있는 과학교실

초판 1쇄 펴낸날 2023년 6월 12일

글 서지원 **그림** 한수진
펴낸이 허경애 **편집** 최정현 김하민 **디자인** 위드 **마케팅** 정주열
펴낸곳 도서출판 꿈터 **출판등록일** 2004년 6월 16일 제313-2004-000152호
주소 서울시 마포구 양화로 156, 엘지팰리스빌딩 825호
전화번호 02-323-0606 **팩스** 0303-0953-6729
이메일 kkumteo77@naver.com **블로그** blog.naver.com/kkumteo- **인스타** kkumteo
ISBN 979-11-6739-087-5 ISBN 979-11-6739-079-0(세트)

ⓒ서지원 한수진 2023
이 책에 실린 글과 그림은 무단 전재 및 무단 복제할 수 없습니다.
잘못된 책은 구입하신 서점에서 바꾸어 드립니다.

어린이제품안전특별법에 의한 제품 표시
제조자명 꿈터 | **제조연월** 2023년 6월 | **제조국** 대한민국 | **사용연령** 8세 이상 어린이 제품
주의사항 종이에 베이거나 긁히지 않도록 조심하세요. 책 모서리가 날카로우니 던지거나 떨어뜨리지 마세요.
KC 마크는 이 제품이 공통안전기준에 적합하였음을 의미합니다.

몹시도 수상쩍다

1 골때리게 재미있는 **과학교실**

서지원 글
한수진 그림

작가의 말

과학을 정말 좋아하게 만드는
마법 같은 동화

과학을 잘하려면 과학을 좋아해야 해요.

공부하는 사람이라고 해도 과학을 좋아하는 사람보다 잘할 수 없기 때문이에요.

하지만 어떤 친구들은 "저는 과학을 좋아하는데요, 교과서는 싫어요."라고 고민해요. 그래요. 그 마음, 충분히 이해해요. 여러분이 만약 시험을 보기 위해 과학을 공부한다면 과학이 재미있을 리가 없어요. 무조건 외워야 하고 또 외운 것을 검사받아야 하는 상황이라면 좋았던 것도 싫어지게 마련이지요.

과학을 공부하는 이유는 시험을 잘 보기 위해서가 아니에요. 세상을 이해하는 능력을 키우기 위해서지요.

과학을 정말 좋아하는 어린이가 되고 싶지 않나요?

그럼 첫째, 우리 주변에서 과학을 찾아보는 것부터 시작해 보세요. 과학은 멀리 있는 공부가 아니에요. 우리 주변을 잘 살펴보면 교과서 속의 과학들이 생생하게 살아 있다는 걸 알게 돼요. 가만히 하늘을 바라보세요. 구름의 움직임을 보고, 기온을 재어 보세요. 또 꽃밭의 꽃들을 살펴보고 꽃잎의 색깔과 생김새, 개수 등을 그림으로 그려 보세요. 지구와 달, 소리내기, 가루 녹이기 등 교과서 속 과학 원리도 우리 주변에서 배울 수 있어요.

둘째, 과학은 암기 과목이 아니에요. 실험하고 관찰한 결과를 실험 관찰 책에 쓰다 보면 머리에 쏙쏙 들어올 거예요. 복잡한 내용은 알아보기 쉽게 그림과 그래프로 그려 넣어 봐요. 수학 공부에 오답 노트가 필수라면, 과학은 실험 관찰 책이 필수예요.

셋째, 식물과 동물을 키워 보세요. 교과서에 나오는 식물이나 동물을 키워 보는 거예요. 토마토나 고추, 상추 등을 길러 싹이 나서 자라는 과정을 살펴보세요. 달팽이가 어떤 음식을 좋아하는지, 개구리, 금붕어, 잠자리는 어떻게 사는지 자세하게 관찰하세요. 대충 보면 안 되고, 처음 보는 것처럼 새로운 눈으로 보고 관찰 일기를 쓰세요.

넷째, 가장 중요한 것은 호기심이에요. 과학은 호기심에서 시작하니까요. 하늘에서 비가 많이 내리면, 비는 어디에 있다가 이렇게 내리는 것일까, 하고 호기심을 갖고 기록해 보세요. 그리고 반드시 찾아봐야만 해요. 호기심이 습관이 된다면 여러분은 분명 과학을 정말 좋아하는 어린이가 될 수 있어요!

작가 서지원

차례

작가의 말 과학을 정말 좋아하게 만드는 마법 같은 동화 · 4

첫 번째 실험
물질

과학교실, 나타나다!

수상한 그림자들 · 11
이아로, 졸지 마 · 16
공부하게 만드는 공부균 · 26
액체가 된 아로 · 37

두 번째 실험
액체와 기체

이토록 재미있는 과학교실이라니!

건우의 미행 · 51
아로가 증발하면 어떡하지? · 61
기체가 된 건우 · 72
뭐든 다 얼려 기계 · 79

세 번째 실험 - 동물의 한살이

어른으로 만들어주는 한살이 상자

내가 아빠 때문에 못 살아! · 87
나비가 된 애벌레 · 99
꼬부랑 할아버지가 된 아로 · 108

네 번째 실험 - 동물의 세계

동물로 변했어요!

집, 교실, 땅, 물, 하늘, E · 115
등뼈가 있으니 해삼이 먹고 싶어 · 126
사자의 입 냄새 · 136
과학교실은 정말 대단해! · 151

과학교실, 나타나다!

첫 번째 실험
물질

창의력 호기심
순물질과 혼합물은 어떻게 다를까?
고체와 액체와 기체는 어떤 특징을 가졌을까?
가루는 고체일까, 액체일까?

수상한 그림자들

그러니까 사건은 지난 토요일, 정확히 새벽 두 시에 일어났다.

아로는 잠결에 이상한 소리를 들었다.

덜컹, 끼익! 덜컹, 끼익!

소리는 일정한 간격을 두고 반복해서 들려왔다.

아로는 이불을 얼굴까지 끌어당긴 채 억지로 잠을 자 보려고 했지만, 도저히 잘 수가 없었다. 마치 누군가가 아로의 귀에다 "일어나! 일어나!" 하고 소리치는 것 같았다.

아로는 더 이상 참지 못하고 벌떡 일어났다. 그리고 창문을 벌컥 열어젖히고 잔뜩 화난 목소리로 "조용히 해!" 하고 외칠 참이었다.

그런데 맙소사!

아로는 깜짝 놀라 눈이 동그래졌다. 아로의 신경을 잔뜩 긁어놓은 그 소리, 그것은 커다란 수레가 비좁은 골목길을 지나며 내는 것이었다. 수레가 덜컹 움직일 때마다 벽과 심하게 마찰하며 끼익 소리가 났다.

그래, 새벽 두 시에, 커다란 수레가 아주 비좁은 골목길을 지나가는 일은 얼마든지 일어날 수 있는 일이다. 하지만 그다음에 일어난 일은 도저히 믿을 수 없었다.

수레를 끌고 가는 것은 아주 커다란 암사자……. 아니, 검은 고양이였다! 이 세상에 "야옹!" 하고 우는 검은 암사자는 없을 테니까 말이다. 그것은 고양이가 틀림없었다.

아로는 창문 밖을 다시 내려다보았다. 몇 번이나 눈을 비비고 자세히 들여다보았지만 커다란 고양이가 큰 수레를 끌고 가고 있었고, 그 뒤를 흰 가운을 입은 남자와 땅콩만 한 여자아이가 바짝 따라오고 있었다. 둘 다 몸은 비쩍 마른 데다 머리는 너무 커서 마치 젓가락에 감자를 꽂은 것처럼 우스꽝스럽게 보였다. 여자아이는 머리에 아주 커다란 리본을 달고 있었는데, 그 리본이 아로의 눈길을 끌었다.

그렇게 아로가 그들을 계속 쳐다보고 있는데, 갑자기 여자아이가 걸음을 우뚝 멈추더니 창 쪽으로 고개를 휙 돌리는 것이었다. 순간, 둘의 눈이 마주쳤다.

여자아이의 눈길이 살얼음처럼 차갑게 느껴져, 아로의 이마 위로 식은땀이 송골송골 맺혔다.

'그래, 이건 꿈이야. 꿈일 거야.'

이 일이 진짜라면 호들갑을 떨면서 아빠를 깨웠겠지만, 꿈이니까 상관없다고 생각했다. 아로는 다시 침대로 가 누웠다. 바깥에서 "덜컹, 끼익!" 소리가 계속 들려왔지만, "꿈인데, 뭐 어때." 하고 중얼거리면서 눈을 감고 잠자려고 애썼다.

이튿날 아침, 아로는 잠이 덜 깬 눈으로 식탁 앞에 앉았다. 간밤의 요란하고 이상한 꿈 때문에 잠을 설쳐서 그런지, 온몸이 찌뿌듯했다.

"이아로, 밥 먹는 게 그게 뭐니?"

아로가 밥을 끼적거리며 앉아 있자, 엄마가 한마디 했다.

"이게 다 어젯밤 꿈 때문이에요."

"무슨 꿈?"

"그런 게 있어요. 참, 엄마. 옆집 말이에요. 새로 이사 온다는 소리 들었어요?"

"이사? 그런 말 못 들었는데."

'그럼 그렇지, 어젯밤 일은 꿈이야.'

"그나저나 옆집 말이야, 몇 년째 비어 있잖아. 계속 저렇게 비워 두면 아깝지 않을까? 나라면 전세라도 주겠다."

엄마가 달걀을 프라이팬에 까 넣으며 중얼거렸다.

"이상한 이웃이 오는 것보다는 빈집인 게 백배 낫잖아요. 난 시끄러운 건 딱 질색이에요."

아로가 달걀 프라이 냄새를 킁킁 맡으면서 말했다.

"하긴…… 요즘 얼마나 위험한 세상이니. 좋은 이웃 만나기가 점점 어려워져 가니 원."

엄마가 달걀 프라이 접시를 아로 앞에 내놓으며 말했다.

'그래도 너무 조용한 이웃보다는 재미있는 이웃이 낫지 않을까?'

아로는 달걀 프라이를 한 입 베어 물며 창밖을 쳐다보았다. 옆집을 향한 아로의 호기심이 모락모락 피어올랐다.

마지막 수업은 과학 시간이었다.

선생님은 칠판에 그림까지 그려 가면서 열심히 설명했다.

"우리 주변의 여러 가지 고체들은…… 고체가 뭔지는 알고 있죠? 고체는 딱딱한 것도 있고, 부드러운 것도 있어요. 고체의 특징에는 뭐가 있을까요? 그래요, 담는 그릇이 바뀌어도 모양과 크기가 변하지 않는다는 거예요. 이렇게 연필을 비커에 담았을 때랑 유리컵에 담았을 때 연필의 모양이 똑같죠?"

밤잠을 설친 아로에게 선생님의 목소리는 마치 졸음이 쏟아지게 만드는 주문처럼 들려왔다.

아로는 잠들지 않으려고 눈에 잔뜩 힘을 주었다. 하지만 그러면 그럴수록 잠이 눈꺼풀 위에 조랑조랑 내려앉는 것이었다.

"어떤 고체는 녹아서 액체가 되기도 해요. 예를 들어 유리는 고체이지만 온도가 높아지면 액체로 변하죠. 액체인 유리를 다시 기온이 낮은 곳에 두면 굳어서 고체가 된답니다."

꾸벅 꾸우벅.

아로의 고개가 스르르 책상 위로 떨구어졌다. 자기도 모르는 사이에 깜박 잠들었다.
"이아로, 너 방금 졸았지?"
선생님의 목소리에 놀란 아로가 고개를 얼른 들고 가로저었다.
"네? 아니에요. 안 졸았어요. 그냥…… 음, 궁금한 게 있어서 생각을 좀 했을 뿐이에요."
"그래, 뭘 생각했는데?"
"돌이 녹으면 뭐가 될까 하고요."
"돌?"
"네, 딱딱한 돌멩이 말이에요. 얼음도 녹고, 금도 철도

다 녹으니까 돌도 녹겠죠? 그런데 돌은 녹으면 뭐가 되는지 모르겠더라고요."

아로는 잠깐 숨을 쉬고는 말을 이었다.

"다른 것들은 녹으면 액체가 되지만, 돌은 특별히 비눗방울 같은 게 될 수도 있잖아요. 선생님!"

아로의 말에 아이들이 웅성거리자, 선생님은 교탁을 툭툭 치며 말했다.

"조용, 다음 페이지를 보도록 해."

졸았던 것을 눈감아 줄 테니, 더 이상 엉뚱한 소리는 하지 말라는 뜻이다. 하지만 아로의 머릿속에서는 상상의 나래가 펼쳐지고 있었다.

아로는 곰곰이 생각했다.

'얼음이 녹으면 왜 물이 되는 거지? 물 말고 가루가 될 수는 없을까? 그렇게 되면 냇가의 얼음이 녹아 시냇물이 되어 흐르는 게 아니라, 가루가 돼서 풀풀 날리게 되겠지?'

상상이 꼬리에 꼬리를 물고 더욱 커져갔다.

'그러면 목욕할 때 물 대신 가루를 옴팡 뒤집어쓰게 되겠지? 목이 마르면 물 대신 가루를 왕창 먹어야 할 거고.'

아로는 잠시 생각을 멈추고 중얼거렸다.

"그럼 목이 멜 텐데, 어떡하지?"

아로는 생각하고 또 생각했다. 얼마나 깊이 생각에 잠겨 있었던지 선생님이 아로 얼굴에 바짝 들이밀고 노려보는 것도 몰랐다.

"이아로, 누가 수업 시간에 딴생각하래?"

"딴생각이 아니에요. 정말 중요한 걸 생각했다고요!"

"참나, 너는 정말이지……."

선생님이 다음 말을 꺼내지는 않았지만, 굳이 듣지 않아도 알 수 있을 것 같았다. 아마 '너무너무 엉뚱해!'라고 말하고 싶었겠지.

선생님은 벽시계를 한번 쳐다보고는 설명을 이어 갔다.

"물질은 크게 순물질과 혼합물로 구분할 수 있어요. 순물질은 다른 물질로 분리할 수 없는 물질을 말해요. 그런 물질에는 뭐가 있죠? 그래요. 산소, 물, 구리 같은 게 있죠. 그렇다면 여러분, 혼합물에는 뭐가 있을까요?"

선생님은 맨 앞줄에 앉은 건우를 바라보며 물었다.

건우는 눈알을 또르르 굴리며 선생님을 쳐다보았지만 답

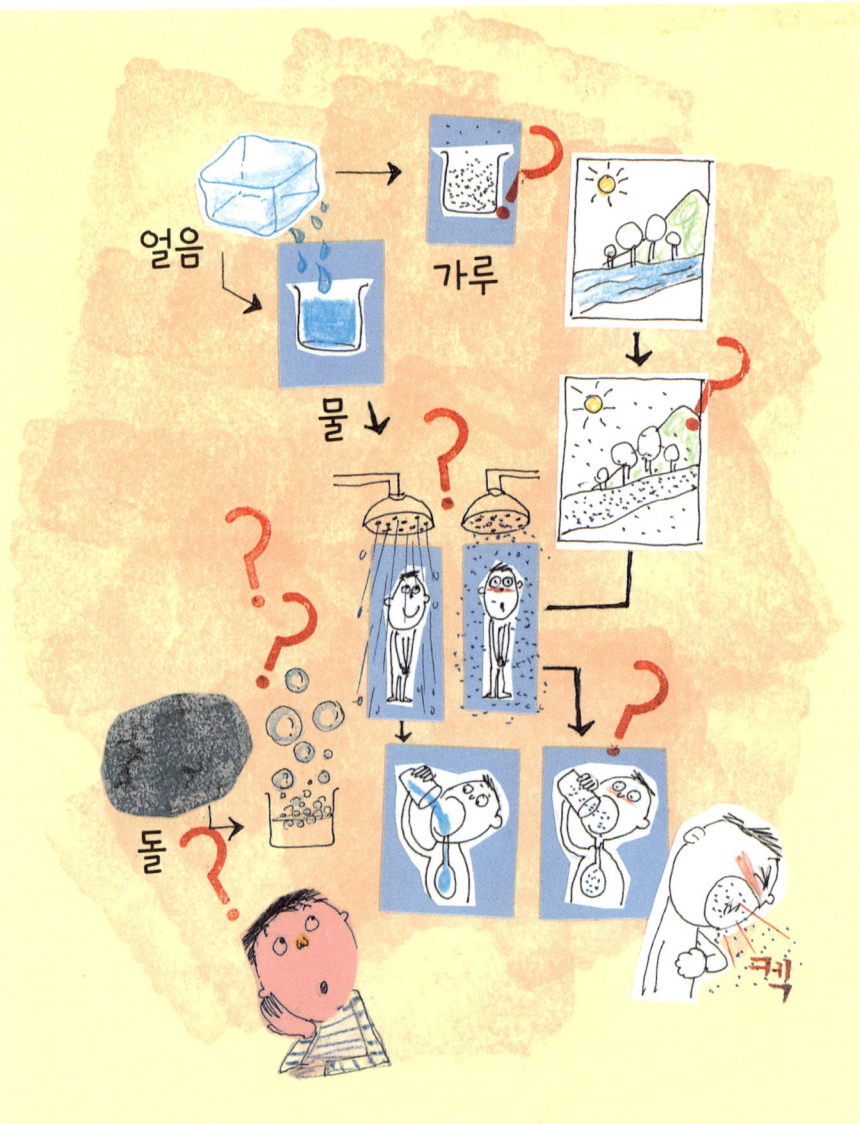

이 생각나지 않는 것 같았다.

"예를 들어 줄게. 모래흙은 모래랑 흙이 섞인 거야. 이런 건 분리할 수 있어. 그러니까 혼합물에 속하지. 자, 혼합물에는 또 어떤 게 있을까?"

선생님은 인내심을 갖고 건우의 대답을 기다렸다. 한참을 기다렸지만 건우는 대답을 못 했다.

보다 못한 아로가 불쑥 끼어들었다.

"마음이요!"

"마음?"

선생님의 눈이 휘둥그레지면서 눈꼬리가 올라갔다.

"이아로! 선생님이 방금 설명한 내용을 듣기나 한 거야? 혼합물이 뭐라고 했지? 여러 가지가 뒤섞여서 이루어진 거라고!"

선생님은 얼굴빛이 붉어지기 시작했다.

아로는 억울했다. 자기 말이 왜 틀렸는지 이해가 가지 않았다. 화가 난 아로는 고개를 살짝 돌리고 창밖을 내다보았다. 순간 아로의 눈이 휘둥그레졌다.

어젯밤 꿈에서 보았던 그 여자아이. 커다란 리본을 머리

에 단 그 애가 운동장을 가로질러 오고 있었다. 아로는 또 꿈을 꾸고 있는 게 아닐까 싶어서 힘껏 제 볼을 꼬집어 보았다.

"아얏!"

눈물이 찔끔 날만큼 아팠다. 그렇다면 지금 눈앞에 나타난 저 여자아이가 꿈속의 주인공이 아니란 뜻이겠지. 아로는 자리에서 벌떡 일어나 창가로 다가갔다. 그러고는 까치발을 하고서 기린처럼 목을 쭉 빼고 여자아이를 쳐다보았다.

그 모습을 본 선생님이 소리를 빽 질렀다.

"이아로, 뭐 하는 거야!"

"꿈이 아니라고요, 이건!"

선생님이 야단치건 말건 아로는 흥분해서 외쳤다.

하긴, 지금 어떻게 진정할 수가 있을까? 만약 저 여자아이가 진짜라면, 꿈에서 본 모든 것들이 진짜라는 이야기인데!

"이아로."

선생님은 도저히 못 참겠다는 표정으로 저벅저벅 걸어왔

다. 아, 때마침 수업을 마치는 종소리가 들려왔다.

아로는 선생님을 뒤로하고 부리나케 운동장으로 뛰어갔다. 하지만 조금 전까지 틀림없이 거기 있던 여자아이는 사라지고 없었다.

아로는 어깨의 힘이 쭉 빠졌다.

"어젯밤 일, 정말 꿈이었나?"

공부하게 만드는 공부균

집으로 돌아온 아로는 현관문을 열려다 말고 까치발을 하고서 이웃집을 슬쩍 보았다. 겉으로는 평소와 다를 게 전혀 없어 보였다. 간밤에 본 것은 꿈이었을까? 아로는 고개를 갸웃거렸다.

그때 옆집에서 무슨 소리가 들리는 것이었다. 아로는 조심스럽게 옆집 대문 앞으로 다가갔다. 문에다 귀를 바짝 대 보았더니, 틀림없이 누군가가 안에 있었다.

그때였다.

아로의 손끝에 뭔가 기분 나쁜 게 와 닿는 느낌이 들었다. 꺼끌꺼끌하고 물컹하면서 뜨끈뜨끈한 것이었다. 아로가 소스라치게 놀라 고개를 돌렸더니, 시커멓고 커다란 것이 눈앞에 서 있었다. 바로 검은 고양이였다. 고양이가 아로의 손을 혓바닥으로 날름날름 핥고 있었다.

"저, 저리 가."

아로는 소리도 제대로 내지 못한 채 뒷걸음질을 쳤다. 보통 고양이라면 아로가 이렇게까지 겁을 먹지는 않았을 것이다. 하지만 지금 눈앞에 있는 건 어마어마하게 큰, 사자만 한 고양이였다!

그래, 간밤에 보았던 그 사자만 한 고양이!

"저, 저리 가라니까!"

아로는 뒤로 물러서다가 꽈당 엉덩방아를 찧고 말았다.

그때 어떤 아저씨가 고양이를 나무라는 소리가 들려왔다.

"에디슨, 그러면 못써. 우리집에 온 손님이잖아."

오, 맙소사. 저 아저씨는 어젯밤에 보았던 커다란 짱구 머리였다.

"미안하다, 순한 녀석이야. 겁먹을 거 없어."

짱구머리 아저씨의 말에 에디슨이라는 고양이가 "야옹!" 하며 순하게 울었다.

"너, 옆집에 사니?"

"네."

"반갑다, 난 새로 이사 온 공부균이라고 한다."

"무, 무슨 균이요?"

"아, 내 이름이야."

"아……, 네."

아로는 참 이상한 이름도 다 있다고 생각했다. 하지만 짱구 머리 아저씨는 자기 이름이 썩 마음에 드는 모양이었다.

"세균, 병균, 대장균은 나쁜 병을 옮기지만, 나 공부균은 공부를 열심히 하게 만드는 공부 병을 옮긴단다. 어때, 이만하면 세상에서 가장 유익한 균이라고 할 수 있겠지?"

아저씨는 씨익 웃으며 썰렁한 농담을 던졌다.

"아저씨는 뭐 하시는 분인데요?"

아로가 묻자, 공부균 아저씨는 붕어 같은 동그란 눈을 번뜩였다. 그리고 나서 잠시 뜸을 들이더니 아주 큰 비밀을 이야기하는 것처럼 낮은 소리로 대답했다.

"난 과학 선생님이야."

과학을 가르치는 공부균 선생님과 애완 고양이 에디슨이라…….

아로는 웃음이 터지는 것을 가까스로 참았다.

"이 집을 수리해서 학원을 열려고 해. 공부균 선생의 과학교실. 어때, 생각만 해도 수업이 듣고 싶어지지?"

"그, 그러네요."

"내 과학 수업은 아주아주 특별할 거야. 네가 만약 우리 학원에 등록한다면 특별히 공짜로 해 주마. 넌 우리 학원의 첫 수강생이 될 테니까."

"저는 과학을 별로 안 좋아해요."

아로는 고개를 내저었다.

하지만 짱구 머리 아저씨, 아니 공부균 선생님은 이미 아로의 손을 잡아끌고 집 안으로 들어가고 있었다.

"이사 온 첫날이라 집 안이 많이 어수선하단다. 하지만 걱정 말거라. 수업하는 데는 아무 지장이 없을 테니까."

집 안으로 들어가게 된 아로는 또다시 눈이 휘둥그레졌다. 문을 열자마자 엘리베이터 문이 나타났다. 금속으로 된 엘리베이터 문이었는데, 문이 열리자 어른 둘이 겨우 탈까 말까 할 정도로 안이 비좁았다. 엘리베이터 안에는 우윳빛 전등이 켜져 있었고, 까만색 손잡이도 달려 있었다. 왼쪽 벽에는 네모난 거울이 있었고, 문 옆에는 층을 나타내는 버튼이 달려 있었다.

"에이, 이층짜리 집에 무슨 엘리베이터가······."

하지만 틀림없는 엘리베이터였고, 버튼이 모두 6개나 되었다. 버튼에는 깨알처럼 작은 글자로 '집, 교실, 땅, 물, 하늘, E'라고 쓰여 있었다.

"이 엘리베이터를 타면 반드시 집과 교실 버튼만 누르도록. 다른 건 절대로 누르면 안 돼."

공부균 선생님이 비장한 얼굴로 아로를 보며 말했다.

곧 엘리베이터가 '띵' 소리를 내며 멈추었다. 그리고 3초

쯤 지났을까. 엘리베이터의 금속 문이 스르륵 열리더니 도저히 같은 집 안이라고는 믿을 수 없을 정도로 넓은 공간이 나타났다. 하지만 그곳에는 식탁 하나가 덩그러니 놓여 있을 뿐, 운동장처럼 휑하기 그지없었다.

"아직 이삿짐을 다 못 풀었단다. 좀 어수선하지?"

공부균 선생님은 아로를 데리고 식탁 앞으로 갔다. 그러고는 억지로 의자에 앉혔다.

아로는 어리둥절해서 눈만 깜빡거렸다.

그때 커다란 리본을 머리에 단 여자아이가 "아빠!" 하면서 걸어오는 것이 보였다. 아로는 자기도 모르게 "어, 넌!" 하고 소리쳤다. 아로가 학교 운동장에서 보았던 여자애가 틀림없었다. 아로는 여자아이를 향해 "안녕." 하고 인사했다. 하지만 여자아이는 쌀쌀맞게 고개를 휙 돌려 버렸다.

"아빠, 이 쿠키는 어디에다 둬요?"

여자아이는 작은 상자를 내보이며 공부균 선생님에게 아주 퉁명스러운 목소리로 물었다.

"마침 고체와 액체, 기체에 대해서 수업을 하려던 참인데 잘됐구나. 여기 놔두렴."

공부균 선생님이 쿠키 상자를 받아 탁자 위에 올려놓았다. 순간, 시큼하고 떨떠름한 냄새가 진동했다.

"오늘은 첫 수업 시간이니 물질의 상태에 대해서 설명할게. 아주 쉬운 질문이긴 하지만, 네 수준을 파악하기 위해서 간단한 질문 하나 해 보마."

아로는 침을 꼴깍 삼켰다. 선생님처럼 어려운 질문을 하는 것은 아닐지 긴장이 되었다.

"너, 물질을 모아서 만든 것을 뭐라고 하는지 아니?"

공부균 선생님의 말에 아로는 김빠진 풍선처럼 피식 웃어 버렸다. 질문이 너무 쉬웠다.

"에이, 그야 물체죠."

"오호, 잘 아는구나. 물질이 모여서 만들어지는 것이 바로 물체지. 이를테면 책상은 나무라는 물질로 만들어졌고, 연필은 나무와 흑연이라는 물질로 만들어졌고 말이야."

아로가 그쯤이야 하는 표정을 짓자, 공부균 선생님은 다른 질문을 던졌다.

"그럼 고체는 어떤 물질을 말하는 건지 아니?"

"당연하죠. 딱딱한 걸 말하잖아요."

"오, 정말 똑똑한 학생이야!"

순간, 아로는 선생님이 자기를 놀리는 게 아닐까 하는 생각에 눈살을 찌푸렸다. 하지만 공부균 선생님은 계속해서 아주 쉬운 질문만 던졌다.

"그럼 물은 고체일까, 액체일까?"

"그야 액체죠."

"그럼 눈이랑 얼음은?"

"고체요."

"수증기는?"

"당연히 기체죠."

"잘 알고 있구나. 그럼 각각의 특징도 이야기할 수 있겠군."

공부균 선생님의 말에 아로는 잠시 머뭇거렸다. 고체와 액체, 기체의 특징에 대해서 특별히 생각해 본 적이 없었기 때문이다.

"음…… 굳이 특징을 말하라면 물은 졸졸 흐르고, 얼음은 딱딱하고, 수증기는 증발해 버려서 잡을 수가 없다는 것 정도?"

아로가 머리를 긁적이며 대꾸하자, 공부균 선생님이 '옳거니!' 하는 표정을 지으며 박수를 짝 쳤다.

"그래, 그게 바로 핵심이야. 고체는 일정한 부피와 모양이 있어서 손으로 잡을 수 있지. 하지만 액체는 흐르는 성질이 있어서 손으로 잡으려고 하면 손가락 사이로 빠져나가 버려. 또 모양이 서로 다른 그릇에 담아도 부피는 일정하지만, 그릇의 모양에 따라 모양이 달라지지. 액체는 일정한 모양이 없기 때문이야. 이것만 기억하고 있으면 돼."

"에휴, 선생님. 과학 시험에서 이렇게 쉬운 문제는 안 나와요."

 아로가 한숨을 내쉬며 말하자, 공부균 선생님은 또 다른 질문을 던졌다.

 "넌 고체, 액체, 기체의 특징을 전부 다 알고 있어. 그런데 여기서 궁금증이 하나 생기지 않니? 고체, 액체, 기체 세 가지 물질이 서로 다른 특징을 갖는 이유는 뭘까? 왜 액체는 딱딱하지 않을까? 기체는 왜 손에 잡히지 않는 걸까?"

 "그건……."

 사실 아로도 그 점이 궁금했었다. 하지만 '기체는 왜 만질 수 없어요?'라고 질문했다가 쓸데없는 질문으로 수업을 방해한다며 선생님한테 혼만 났었다.

 "오, 똑똑한 이아로 학생도 이 문제의 답은 쉽게 말할 수 없나 보군. 좋아, 그렇다면 내가 힌트를 주도록 하지."

 공부균 선생님은 말을 이어 가면서, 쿠키 하나를 아로의 입에 쏙 밀어 넣었다. 아로는 너무 순식간에 벌어진 일이라 무슨 쿠키인지 물어볼 새도 없었다.

액체가 된 아로

 아로는 얼떨결에 쿠키를 씹었다. 아작 소리가 나면서 쿠키가 입안에서 부서졌다.
 그러자 이게 어떻게 된 일일까? 아로의 몸에서 이상한 반응이 일어나기 시작한 것이다.
 "어? 왜 이러지? 내 몸이 어떻게 된 거야?"
 아로의 발가락이 동글동글한 알갱이들로 바뀌더니 곧 다리를 지나 배와 가슴도 알갱이로 변했다.
 "내 머리카락, 내 팔, 내 다리, 악! 내 손가락마저!"
 아로는 이러다가 자신이 죽는 게 아닐까 싶어 눈앞이 캄캄해졌다.
 그런데 알갱이들은 다시 똘똘 뭉

쳐지더니 이번에는 상자 모양으로 변하기 시작했다. 그것은 마치 냉동실에서 갓 나온 얼음처럼 딱딱했다!

"사, 사, 살려……."

아로는 너무 놀라 소리를 지르려고 했다. 하지만 너무 겁에 질려 목구멍에서 소리가 나오지 않았다. 아로는 이 모든 게 제발 꿈이기를 간절히 빌었다.

아로는 새파랗게 질린 얼굴로 공부균 선생님을 쳐다보았다. '설마 환하게 웃고 있는 저분이 무시무시한 범죄자는 아니겠지?'

"3, 2, 1…… 이제 원래대로!"

공부균 선생님이 시계를 보며 중얼거리자 놀랍게도 아로의 몸이 원래대로 돌아왔다. 조금 전까지 알갱이 모양을 하고 있던 것들이 도로 머리카락이 되고, 손과 발이 되고, 손가락과 발가락이 된 것이다.

아로는 공상 과학 영화에서만 보던 일이 자신에게 벌어졌다는 것을 믿을 수가 없었다. 조금 전만 해도 무섭고 두려웠는데, 어느새 호기심으로 가슴이 콩닥거렸다.

"이 쿠키의 단점은 딱 3분밖에 변신할 수 없다는 거야."

선생님은 다른 색깔의 쿠키를 아로에게 내밀었다.

"자, 이젠 이걸 먹어 보렴."

아로는 잠깐 망설이다가 용기를 내 쿠키를 받아 삼켰다. 그 순간, 아로의 몸이 거짓말처럼 액체로 변하기 시작했다. 믿을 수 없었지만, 아로의 몸은 발끝부터 머리까지 서서히 물로 변했다.

공부균 선생님이 기다렸다는 듯 바닥에

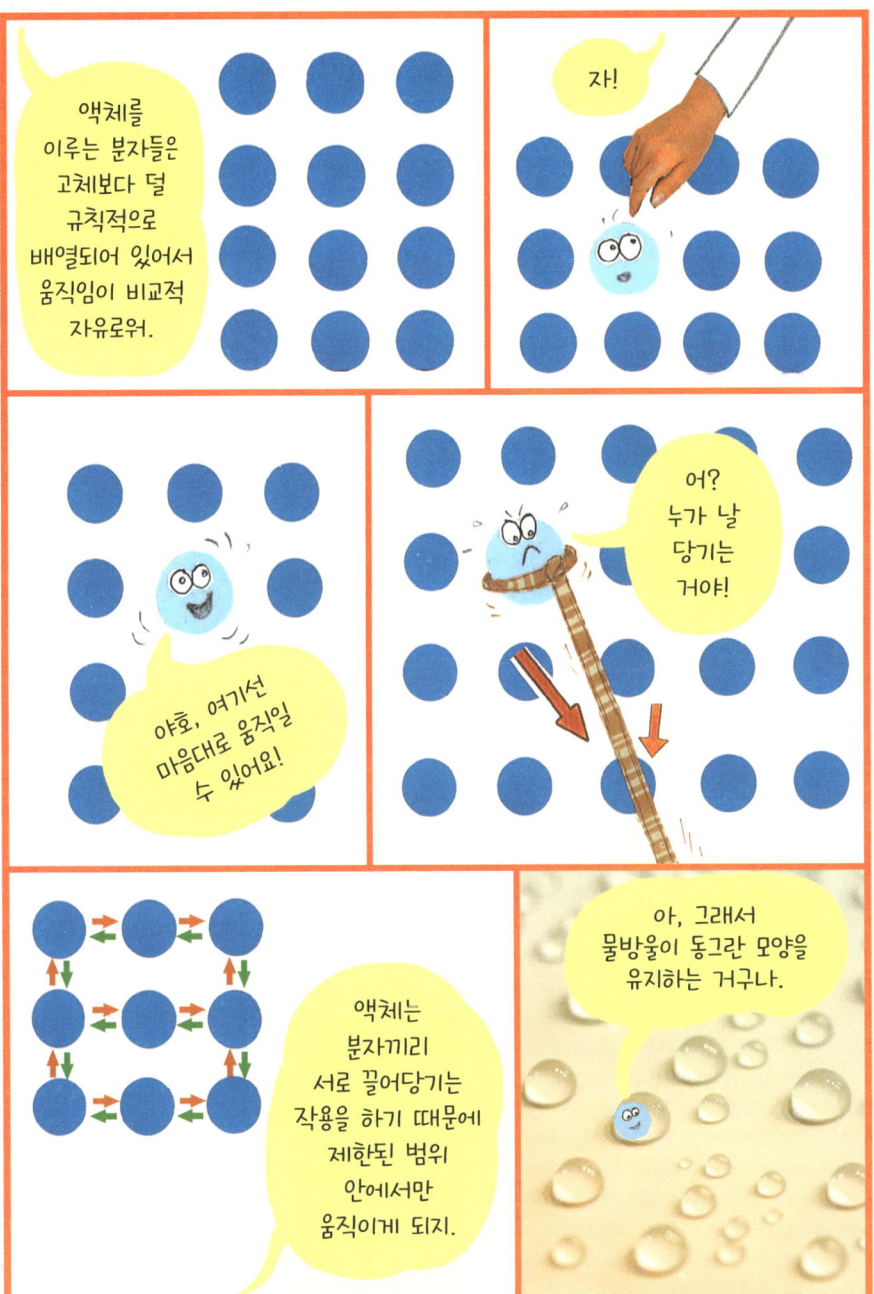

다 눈금 실린더를 얼른 갖다 놓자, 물로 변한 아로가 컵 속에 조르륵 받혔다.

"3, 2, 1…… 짠!"

공부균 선생님이 시계를 톡 치자, 놀랍게도 아로의 몸이 원래대로 되돌아왔다.

"다른 쿠키도 먹어 볼래요!"

아로의 말에 공부균 선생님은 "그래." 하며 새로운 쿠키를 내밀었다. 그런데 쿠키에서 아주 지독한 냄새가 나는 것이었다. 아로는 코를 틀어막은 채 끙끙거렸다. 쿠키를 도저히 씹을 자신이 없었기 때문이다.

그때 기회를 노리고 있던 에디슨이 아로의 손에 있던 쿠키를 냉큼 가로채 꿀꺽 삼켜 버렸다.

"앗, 내 쿠키를!"

아로가 에디슨에게 손을 뻗는 찰나, 에디슨의 몸이 연기처럼 펑 사라지고 말았다.

"이게 어떻게 된 거예요?"

"기체가 됐지. 기체는 눈에 보이지도 않고 모양을 가지고 있지도 않아."

"그럼 에디슨이 기체가 됐다는 걸 어떻게 알 수 있어요?"
"방법이 있지. 에디슨, 거기서 몸을 움직여 보렴."
공부균 선생님의 말이 끝나자 "야옹." 소리와 함께 한 줄기 바람이 불어왔다.
"이 바람은 기체가 된 에디슨이 공기 중에서 움직이고 있다는 뜻이지."
"아깝다! 내가 먹을걸!"
아로가 아쉬워하고 있는데, 공중에서 무언가가 쿵 하고 떨어졌다. 변신이 끝난 탓에 고양이로 돌아온 에디슨이 공중에서 바닥으로 곤두박질친 것이었다.

얘들아, 여기서 퀴즈! 가루는 고체일까, 액체일까, 기체일까?

너무 쉽잖아요. 가루는 담는 그릇에 따라 모양이 변하니까 액체죠.

물론 가루 물질은 담는 그릇에 따라 전체 모양이 달라지지만, 알갱이 하나하나의 모양은 변하지 않지.

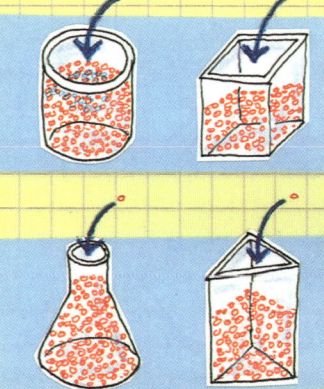

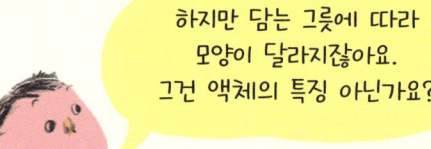
하지만 담는 그릇에 따라 모양이 달라지잖아요. 그건 액체의 특징 아닌가요?

야, 날 아무 그릇에나 담지 말라고!

가루는 고체를 이루는 알갱이야. 즉, 가루는 고체라는 걸 잊지 마!

곧이어 커다란 리본을 단 여자아이도 원래대로 돌아왔다.
"아빠, 제발 부탁이에요. 다신 이런 실험은 시키지 마세요. 정말 싫다고요!"
혜리는 공부균 선생님을 향해 소리를 빽 내질렀다.
혜리가 단단히 화를 내는 바람에 과학교실의 첫 수업은 그대로 끝나고 말았다.
"아쉽지만 오늘은 첫 시간이니까, 이쯤에서 그만하자."

공부균 선생님의 집에서 과학 수업을 한 아로가 집에 돌아왔을 때는 이미 어둑어둑해진 저녁 무렵이었다.
"이아로, 너 또 피시방에 갔었지?"
엄마가 아로를 불러 세우며 물었지만, 아로는 대답도 하지 않고 곧장 방으로 들어갔다. 침대에 털썩 드러눕자 피로가 몰려와 꼼짝도 할 수가 없었다.
'아, 만약 이게 꿈이라면 내일은 또 다른 꿈을 꾸었으면 좋겠어.'
이런 생각을 하다가 스르륵 잠이 든 아로는 엄마가 밥 먹으라고 부르는 소리도 못 들을 만큼 깊은 잠에 빠져들었다.

이토록 재미있는 과학교실이라니!

**두 번째 실험
액체와 기체**

창의력 호기심

액체의 부피를 측정하려면 어떻게 해야 할까?
기체도 무게가 있을까?
기체 상태인 것을 고체가 되게 할 수 있을까?

건우의 미행

"아로야, 같이……."

건우가 말을 채 잇기도 전에 아로는 뭐가 그리 급한지 휑하니 사라져 버렸다. 여느 때 같으면 학원에 갈 건우를 꼬드겨서 피시방으로 데리고 갔을 아로인데 말이다. 건우는 요즘 아로의 모든 행동이 수상쩍게만 느껴졌다.

아로가 학교를 마치자마자 부리나케 집으로 돌아가는 것만 수상한 게 아니었다. 수업 시간에도 행동이 딴판이었다. 싫어하는 과학 시간에 졸지도 않고, 딴짓도 않고, 선생님 질문에 대답도 척척! 게다가 숙제까지 열심히 해 오는 것이었다.

건우는 아로에게 무슨 일이 생긴 게 틀림없다고 생각했다. 그것도 아주 특별하고 심각한 일이! 혹시 공부를 하게 만드는 벌레가 아로의 뇌 속으로 들어갔다거나 아로가 이상한 마법에 걸렸다거나 실은 진짜 아로가 아니라 딴사람이라거나…… 뭐 그런 일이 벌어진 게 아닐까?

'그래, 결심했어!'

건우는 아로의 수상한 행동의 비밀이 무엇인지 밝혀내야겠다고 마음먹었다. 건우는 잰걸음으로 아로의 뒤를 밟았다.

아로가 콧노래를 부르며 한참 간 곳은 집이었다.

'뭐야, 아로네 집이잖아?'

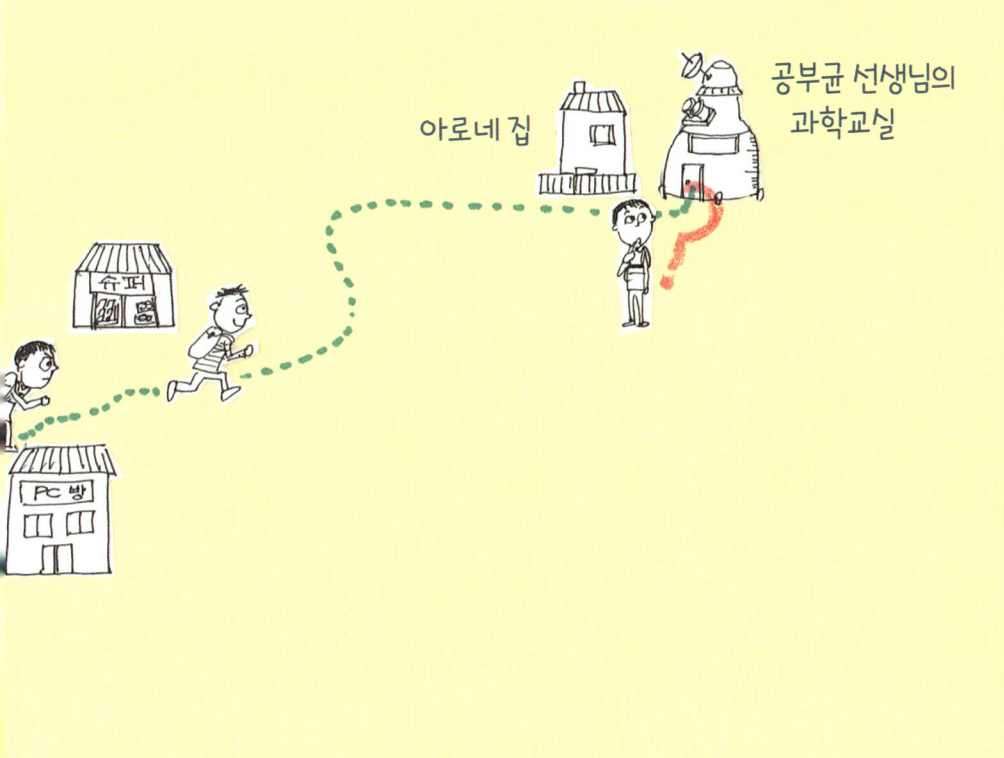

건우는 맥이 풀려 김빠진 표정을 지었다. 그런데 아로가 집으로 곧장 들어가지 않고 방향을 틀어 옆집으로 향하는 것이었다.

"에디슨, 나 왔어!"

아로는 큰 소리로 외치며 폴짝폴짝 안으로 뛰어갔다.

대문 앞에는 간판이 걸려 있었다. 학원인 듯했다.

'학원에 다니는 게 저렇게 신날까? 공부라면 딱 질색인 아로가, 이거 이상한데?'

천하의 말썽꾸러기 아로가 학원을 다 좋아하다니. 대체 어떤 학원인지 살펴보고 싶은 마음이 굴뚝같았다. 하지만 차마 문을 열고 들어갈 용기가 나질 않았다. 건우는 문 앞에서 망설였다.

"네 이름이 뭐니? 어떻게 왔니? 누구 소개를 받아서 온 거니? 학원에 다녀도 좋다고 부모님께 허락은 받았어? 공부는 어느 정도 하니?"

학원 선생님이 이런 질문을 늘어놓기라도 한다면 건우는 얼굴이 새빨개져서 고개만 푹 숙이게 될 테니까. 건우는 고민하다가 발길을 돌렸다. 그때 안에서 아로의 웃음소리가 들려왔다. 세상이 떠나갈 듯 큰 소리였다.

'뭐가 저렇게 신나는 거야?'

건우는 더 이상 참을 수가 없어 용기 있게 문을 벌컥 열어젖혔다. 그러자 엘리베이터가 나타났다. 집은 겨우 이 층짜리인데, 엘리베이터의 버튼은 6개나 있었다. 어떤 층을 눌러야 하나 망설이던 건우는 '교실' 버튼을 눌렀다.

잠시 후 '띵!' 하는 소리와 함께 문이 스르륵 열렸다.

건우 앞에 펼쳐진 것은 아주 넓은 방이었다. 가구라고는 탁자 하나와 의자 몇 개가 전부라서 휑해 보였다.

건우는 혀끝으로 바싹 마른 입술을 적셨다. 이상한 곳에 온 건 아닌가 하는 무서운 생각도 들고, 이대로 영영 집에 돌아가지 못하는 건 아닐까 하고 불길한 생각도 들었다.

"아로야……."

건우는 기어들어 가는 목소리로 아로를 불렀다.

그때였다.

"누구야!"

가늘고 앙칼진 목소리가 들려왔다.

건우가 소리 나는 쪽으로 고개를 돌렸더니, 삐쩍 마른 몸에 머리만 큰 여자아이가 서 있었다. 머리에는 아주 커다란 리본이 달려 있었다.

"난…… 저, 음, 그러니까…… 친구를 찾아왔어."

"이아로 말이야?"

"알아?"

"알지. 우리 학원에 하나밖에 없는 학생인데."

여자아이는 아주 시큰둥한 목소리로 대꾸했다. 마치 "그 하나뿐인 학생이 제발 관둬 주면 좋겠어." 하고 말하는 것 같았다.

"저…… 아로는 어디 있어?"

"에디슨이랑 놀고 있어."

"에, 에디슨?"

"우리 집 고양이."

여자아이는 건우를 보는 둥 마는 둥 하고 사라져 버렸다.

넓은 방 안에 다시 건우 혼자 남게 되었다. 건우가 어찌해야 좋을지를 몰라 우물쭈물하고 있는데, 전화벨 소리가 요란하게 들려왔다. 소리가 난 곳은 탁자 밑이었다.

건우는 조심스럽게 수화기를 집어 들었다.

"여보세요?"

"어, 난데. 오늘 수업에 늦을 것 같구나. 기다리는 동안 탁자 위에 있는 간식이나 먹고 있으렴."

"네?"

건우가 말을 채 잇기도 전에 전화가 뚝 끊겼다.

'이게 뭐지. 뭔가 이상해. 느낌이 안 좋아.'

건우는 머리카락이 쭈뼛 서는 거 같았다.

그때였다.

"건우야, 네가 어떻게 여길 왔니? 너도 이 학원에 등록하러 온 거야?"

아로였다. 그 뒤를 커다란 암사자, 아니 고양이가 줄레줄레 따라 들어와 건우에게 다가오더니 쿵쿵거리면서 냄새를 맡았다.

"이 학원, 정말 재미있어."

"그래?"

"어라, 이 학원에 대해서 알고 온 거 아니었어?"

"응? 그게……."

건우는 제대로 대답하지 못하고 우물쭈물했다. '네가 무얼 하는지 궁금해서 따라와 봤어.'라고 사실대로 말할 수는 없었다.

"그나저나 선생님이 오늘은 왜 이렇게 늦으시지?"

아로가 지루하다는 듯 중얼거렸다.

"저기, 아까 전화가 왔었는데 어떤 아저씨가 수업에 늦을 것 같다며, 탁자 위에 놓인 간식이나 먹으면서 기다리라고 하던걸."

탁자 위에는 먹음직스러운 케이크와 쿠키가 놓여 있었다.

"아차! 쿠키를 먹었다간 또 변신하게 될지도 모르지."

아로는 쿠키를 집었다가 도로 내려놓고 케이크 쪽으로 손을 가져가며 말했다. 때마침 혜리가 다시 돌아오자, 아로는 혜리에게 케이크를 내밀었다.

"정말 맛있겠다! 설마 또 이상한 실험을 하게 되는 건 아니겠지?"

혜리가 케이크를 먹으려다 말고 망설이고 있을 때, 에디슨이 냉큼 다가와 케이크를 핥아 먹었다. 그러자 아로도 케이크를 입으로 가져갔다. 순간, 에디슨과 아로의 몸이 물로 변하더니 바닥으로 쏟아졌다.

"이, 이건 말도 안 돼!"

건우는 너무 놀라 눈을 휘둥그렇게 뜬 채 뒷걸음질을 쳤다.

하지만 혜리는 그럴 줄 알았다는 듯 콧방귀를 끼며 말했다.

"놀랄 거 없어. 3분 뒤면 원래대로 돌아올 테니까."

하지만 어찌 된 영문인지 시간이 지나도 아로와 에디슨의 몸은 원래대로 돌아오질 않았다.

아로가 증발하면 어떡하지?

"으아악!"

겁에 질린 건우는 울음을 터뜨리고 말았다.

"얘들아, 무슨 일이니?"

건우의 울음소리가 얼마나 컸던지, 밖에서 그 소리를 들은 공부균 선생님이 허둥지둥 달려왔다.

"아빠, 탁자 위에 둔 케이크는 뭐예요? 그거 먹으면 안 되는 거였어요?"

혜리가 두 눈을 추켜올리며 따졌다. 신경질이 잔뜩 난 얼굴이었다.

"무슨 케이크? 아, 영영 액체 케이크?"

"그게 뭔데요?"

"영영 액체가 되어 버리는 케이크지."

"그런 걸 함부로 두면 어떡해요?"

"누가 먹으라고 했니?"

공부균 선생님도 큰 소리로 따졌다.

"아빠가 전화로 탁자 위에 놓인 간식을 먹으라고 했다면서요. 여기 증인이 있다고요."

혜리의 말에 공부균 선생님이 '아차, 내가 그랬나?' 하는 표정을 지었다.

"그나저나 쟤들은 원래 모습으로 영영 돌아올 수 없는 거예요?"

"방법이야 있지."

공부균 선생님이 작은 소리로 말했다.

"박쥐 눈알이랑 뱀의 혀, 바퀴벌레 간을 말려 만든 가루를 뿌리면 되돌아오긴 할 거야. 하지만 증발이 되지 않았어야 할 텐데……."

"증발이라고요?"

"액체가 기체로 변해서 공기 중으로 흩어지는 현상을 증발이라고 하잖아. 모든 액체는 증발하는 성질을 가지고 있어. 우리가 머리를 감고 나서 젖은 머리카락을 그대로 두어도 시간이 지나면 마르고, 빨래를 하고 나서 젖은 빨래가 마르는 것도 모두 증발 때문에 일어나는 현상이지."

"그, 그럼 아로가 공기 중으로 날아가 버렸단 말씀이세요?"

잠자코 이야기를 듣고 있던 건우가 새파랗게 질린 얼굴로 물었다. 혜리도 걱정이 되었는지 공부균 선생님을 물끄러미 바라보았다.

"아니, 미리부터 그렇게 걱정할 필요는 없을 거야. 어떤 액체로 변했느냐에 따라 다를 테니까."

"그게 무슨 말이에요?"

혜리가 묻자, 공부균 선생님이 설명을 시작했다.

"증발이 되는 정도는 액체의 종류에 따라 달라. 물은 우리가 인식하지 못하는 사이 조용히 증발하지. 알코올은 눈 깜짝할 사이에 증발해 버리고. 하지만 식용유나 참기름 같은 액체는 거의 증발하지 않아."

순간, 건우는 출렁거리는 아로가 어떤 액체로 변했는지 궁금해졌다. 그래서 바닥에 흥건한 액체, 즉 아로가 변한 액체를 손가락으로 살짝 찍어 맛보고 싶었다.

건우가 생각에 잠겨 바닥에 고여 있는 액체를 바라보고

있는데, 공부균 선생님이 손가락으로 액체가 된 아로와 에디슨을 찍어 만져 보더니 중얼거렸다.

"다행히도 느긋한 에디슨은 간장이 됐고, 불같은 아로는 참기름으로 변했군. 급격하게 증발하지는 않겠어."

"그런데 선생님, 둘이 섞여 있는데 어떻게 따로따로 분리해서 그릇에 담죠?"

"걱정 마, 성질이 다른 액체는 한데 섞여 있어도 얼마든지 분리해 낼 수 있어."

"그게 가능해요?"

건우가 두 눈을 동그랗게 뜨고 물었다.

"그럼. 예를 들어 볼까? 간장에다 참기름을 부으면 어떻게 되니?"

"음, 참기름이 동동 뜨죠."

"그래. 둘은 모두 액체지만 전혀 섞이지 않아. 그러니 간장은 간장대로, 참기름은 참기름대로 분리해 낼 수 있지."

그렇게 말하면서 공부균 선생님은 길쭉하게 생긴 투명한 유리 막대 같은 것을 꺼내 왔다.

"이건 스포이트야. 고무주머니처럼 생긴 부분을 꾹 눌렀다가 떼면 액체가 위로 쏙 차오르지. 아차차, 내 정신 좀 봐! 액체를 담을 그릇을 준비 안 했구나. 혜리야, 그릇 좀 갖다 주겠니?"

"어떤 그릇이요?"

"기왕이면 부피를 재기 쉬운 거로 갖다 주렴."

"부피? 그게 뭐예요?"

혜리가 퉁명스럽게 되물었다.

"물체나 물질이 공간에서 차지하는 크기를 부피라고 하는 거야."

"어휴, 귀찮아."

혜리는 짜증스러운 표정으로 입술을 삐죽거리며 부엌으로 향했다.

한참 만에 혜리는 대접과 병 하나를 들고 나타났다.

"좋아, 이제 이 눈금 실린더에다 둘을 담으면 되겠군. 난 마법 가루를 준비해야 하니까 누가 스포이트로 바닥에 고인 아로와 에디슨을, 아니지 액체를 빨아들여서 눈금 실린더에 담아 줄래?"

그 말이 끝나기도 전에 혜리가 건우의 등을 밀었다. 건우가 앞으로 나서자, 공부균 선생님은 건우에게 스포이트를 내밀었다.

"참기름과 간장이 섞이지 않도록 이 눈금 실린더에 따로따로 담도록 해. 아로의 몸무게는 30kg이니까 눈금 실린더의 눈금이 30이 될 테고, 에디슨의 무게는 50kg이니까 눈금이 50이 될 거야."

건우는 얼떨결에 스포이트를 받아들었다.

스포이트로 액체를 빨아들이는 사이, 공부균 선생님은 이상한 가루들을 섞기 시작했다.

건우는 자기가 무슨 일을 하고 있는지 이해할 수가 없었다. 무슨 일인지 몰라 머리가 지끈거릴 정도였다. 건우는 울며 겨자 먹기로 일단 공부균 선생님이 시키는 대로 해야겠다고 마음먹었다.

"다 됐어요."

"그래? 눈금은 정확히 쟀겠지?"

"네."

공부균 선생님이 냉큼 눈금 실린더를 받아들었다.

건우는 선생님의 행동을 물끄러미 바라보았다.

공부균 선생님은 눈금 실린더 속에다 이상한 가루를 섞더니 재빨리 액체를 바닥으로 쏟아부었다. 그러자 순식간에 아로와 에디슨의 몸이 나타났다.

놀란 건우가 입을 쩍 벌리고 있는데, 공부균 선생님이 "이게 뭐야!" 하고 소리를 내지르는 것이었다.

아로의 엉덩이에 꼬리가 붙어 있었고, 정작 꼬리가 있어야 할 에디슨의 엉덩이에는 아무것도 달려 있지 않았다.

"이런! 아로의 부피에 에디슨의 꼬리 부피가

더해졌나 보군. 학생, 내가 눈금 실린더의 눈금을 정확히 재랬잖아."

공부균 선생님이 인상을 찌푸리며 건우를 힐끔 노려보았다.

"흠, 눈금 실린더 보는 법을 제대로 못 배웠나 보군."

"그냥 읽으면 되는 거 아니에요?"

"눈금 실린더는 눈높이를 수면의 오목한 밑 부분과 수평이 되게 한 뒤 눈금을 읽어야만 해. 아무렇게나 눈금을 읽으면 부피가 틀리게 돼."

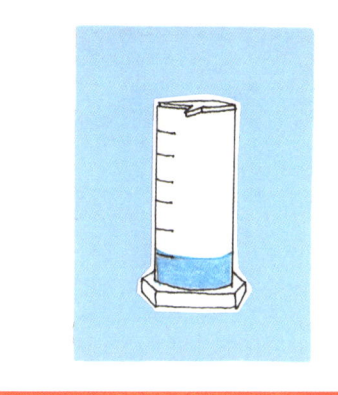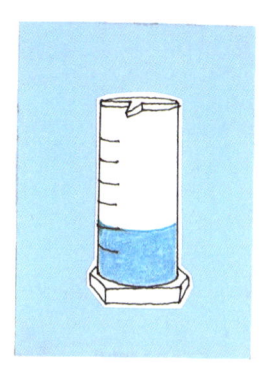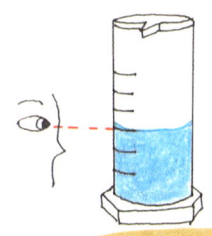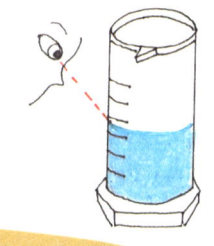

기체가 된 건우

"제발 이런 이상한 것들 좀 만들지 마요. 이젠 뒤처리도 지긋지긋하다고요."

혜리가 뾰로통하게 말하자, 공부균 선생님이 웃었다.

"그런데 저 아이는 누구지?"

뒤늦게 공부균 선생님이 건우를 가리키며 물었다.

건우는 차마 아로를 쫓아왔다고 말할 수 없었다.

"오호라, 벌써 우리 학원에 대한 소문이 났나 보군. 좋아, 우리 학원에 온 걸 환영한다."

"저는 그냥 아로를 따라서……."

"반갑다, 나는 공부균이라고 해. 세상의 균 중에서 가장 좋은 균, 공부가 좋아지게 만드는 균, 이 공부균만 믿으렴. 그럼 공부가 즐거워질 테니까."

공부균 선생님은 건우의 말을 다 듣지도 않고 말했다.

"등록 카드에 이름하고 집 주소, 전화번호만 쓰면 돼."
"저는 학원에 다닐 생각이……."
"저절로 들었단 말이지? 정말 장하다. 요즘 애들은 과학을 너무 싫어해. 그런데 넌 엄마가 등 떠밀지도 않았는데 스스로 여길 찾아왔다니 훌륭하구나!"

건우는 결국 고개를 끄덕이고 말았다. 마음속으로는 '집에 가서 어떻게 말해야 하지?' 하고 걱정하면서.

"보아하니 넌 과학을 몹시 어려워하는 모양이구나. 하지만 걱정하지 마. 알고 보면 과학만큼 쉬운 것도 없으니까."

그 말에 건우는 건우의 마음을 이해해 주는 선생님을 만난 것 같아 기분이 좋아졌다.

건우가 빙그레 웃자, 공부균 선생님은 음료수 하나를 내밀었다.

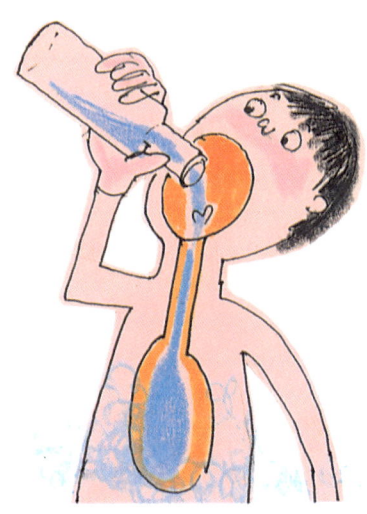

마침 목이 탔던 건우는 음료수를 아무 의심 없이 벌컥벌컥 받아 마셨다. 그런데 건우의 몸에서 몽글몽글 연기가 피어오르

더니, 커다란 연기 덩어리로 변하는 것이었다.

"그래, 공기가 많이 들어 있는 풍선은 공기가 적게 들어 있는 풍선보다 무겁겠지? 이 실험을 통해서 우린 공기에도 무게가 있다는 사실을 증명할 수 있는 거란다."

공부균 선생님의 말에 아로가 이해를 했다는 듯 고개를 끄덕였다.

"역시 선생님의 말씀은 머리에 쏙쏙 들어온다니까."

뭐든 다 얼려 기계

그때였다. 공기가 되어 공중에 떠 있던 건우가 소리를 내질렀다.

"선생님, 전 언제 제 모습으로 되돌려 주실 거예요?"

"앗! 안 돼. 너무 흥분하면 네 몸의 온도가 높아져서 부피가 커지게 된단 말이야!"

"온도가 높아지면 기체의 부피가 커진다고요?"

"그래, 기체는 온도가 내려가면 분자의 움직임이 느려져서 부피가 작아지게 돼. 하지만 온도가 높아지면 분자의 움직임이 활발해져서 분자끼리의 거리가 멀어지게 돼. 그러니까 기체의 부피가 커지는 거지. 그래서 널 다시 원래대로 돌려놓았을 때 아주 뚱뚱해질 수도 있어."

공부균 선생님의 말에 건우는 소리 지르는 것을 뚝 멈추었다. 하지만 무척 놀랐었는지 딸꾹질을 하기 시작했다.

그런데 그 소리를 듣고 신이 난 건 아로였다.

"와! 그럼 온도가 낮은 밤에는 기체의 부피가 작아지고, 온도가 높은 낮에는 기체의 부피가 커지겠네요?"

"그렇지."

"무식하긴. 그런 것도 몰랐냐? 온도에 따라 기체의 부피가 달라지는 걸 샤를의 법칙이라고 하는 거야."

혜리가 한심하다는 듯 말하며 끼어들자, 아로는 흥분한 목소리로 외쳤다.

"샤를의 법칙?"

"바람이 빠져서 헐렁해진 축구공을 빵빵하게 만들어 본 적 없어?"

"그래! 없다."

"어휴, 내가 말을 말아야지. 축구공에 바람이 빠졌을 때 뜨거운 물을 부으면 다시 빵빵해지잖아. 축구공이 뜨거워지면, 그 속에 있는 기체의 부피가 커져서 그렇게 되는 거 아냐."

"와, 왜 나는 그걸 여태 몰랐지?"

"넌 도대체 공부를 왜 하니? 이럴 때 유용하게 쓰려고 공부하는 거잖아."

"다음에 축구공이 또 찌그러지면 펌프로 공기를 넣기 전에 꼭 뜨거운 물을 부어 봐야지."

"꽉 끼어서 잘 빠지지 않는 그릇 두 개를 분리할 때에도 기체의 부피를 이용한다는 건 아니?"

"전혀 몰랐어."

온도에 따라 기체의 부피가 달라지는 게 샤를의 법칙이지. 온도에 따른 기체의 부피 변화를 활용하는 센스!

아로가 고개를 흔들자, 혜리는 뽐내듯이 말을 이었다.

"그럴 땐 위쪽 그릇에는 찬물을 붓고, 아래쪽 그릇은 뜨거운 물에 담가 두는 거야. 그러면 두 그릇 사이의 부피가 변해서 쉽게 분리할 수 있거든."

"와, 마술 같아!"

아로의 말에 공부균 선생님은 냉동실에서 꽁꽁 언 음료수병 하나를 꺼내 오더니 병 주둥이에다가 동전을 올려놓았다. 그리고는 병을 손으로 꼭 감싸면서 이렇게 외쳤다.

"움직여라, 동전아. 움직여!"

그러자 병 주둥이에 있던 동전이 들썩들썩 움직이는 것이 아닌가.

아로는 자신의 눈을 의심했다.

"방금 그거, 어떻게 하신 거예요?"

"어떻게 하긴. 마술이지."

공부균 선생님이 어깨를 으쓱하며 말하자, 혜리가 병을 낚아채며 말했다.

"바보, 이것도 기체의 부피 변화를 이용한 거잖아. 사람의 손으로 차가운 병을 감싸 쥐면 병 안쪽의 공기가 따뜻

해지게 돼. 그러면 병 속의 공기 부피가 커져서 밖으로 나가려고 하겠지."

"아하, 그 공기들이 동전을 움직이게 한 거구나?"

아로는 신기하다는 듯 고개를 끄덕였다.

이것이 진짜 마술!
찬 음료수병에 동전을 올려놓고
손으로 쥐면 동전이 움직여.
기체의 부피 변화를
이용한 거지.

공기 : 부피가 커진다

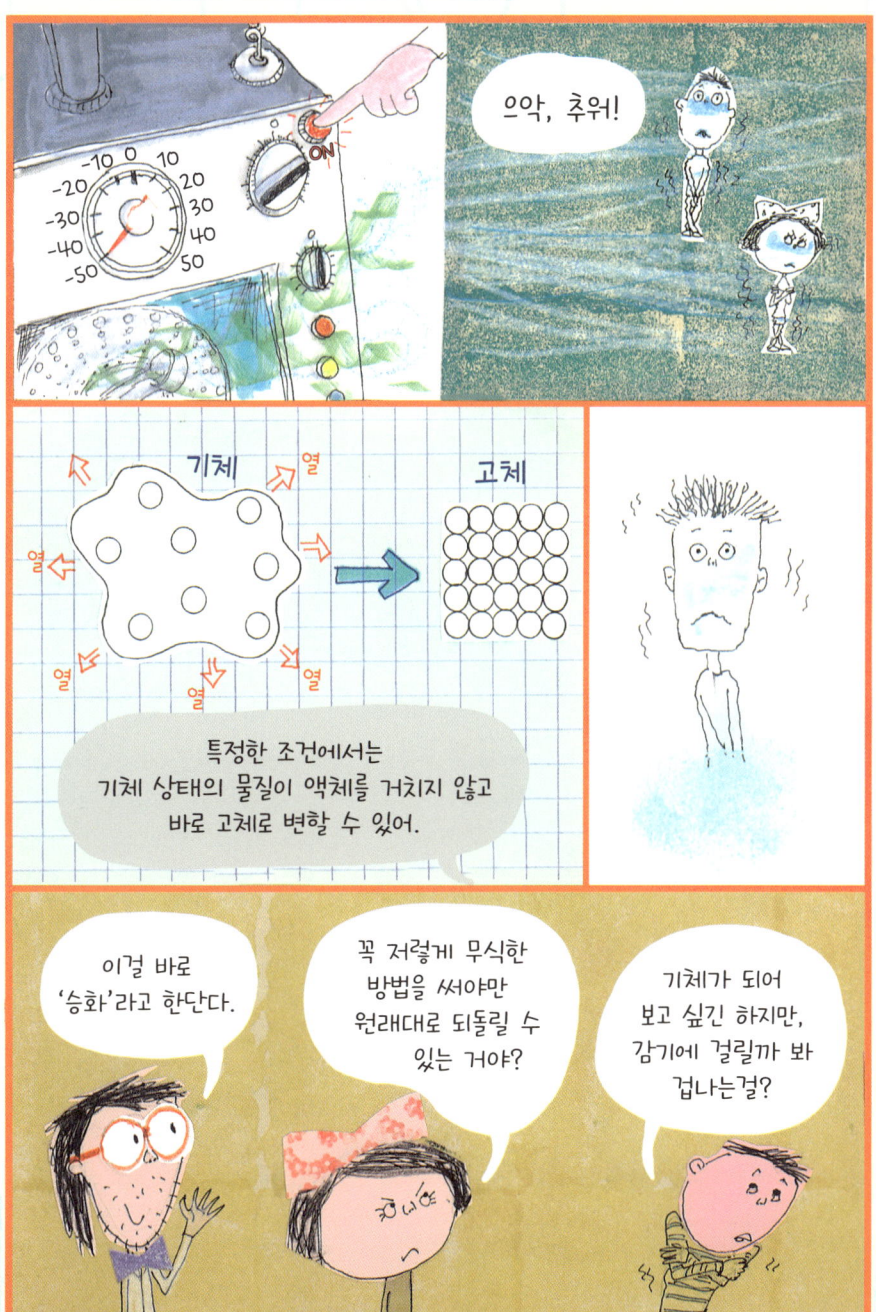

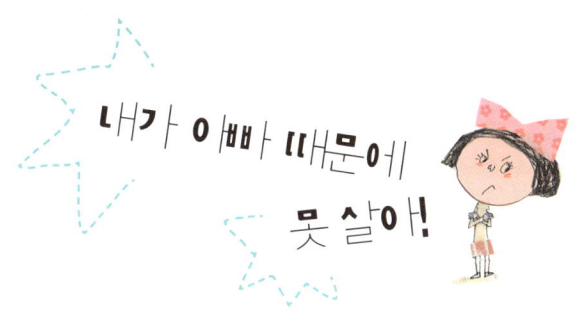

내가 아빠 때문에 못 살아!

종례를 앞두고, 선생님은 칠판을 두드리며 말했다.

"자, 오늘은 재미있는 숙제를 하나 낼게요. 아까 배운 성장 과정에 대해 모두 이해했죠?"

숙제라는 말에 아이들은 "우!" 소리를 내며 입술을 삐죽 내밀었다. 특히 아로가 제일 크게 소리를 질렀다.

그 모습을 본 선생님은 아로를 한 번 쏘아보더니 말을 이었다.

"여러분의 성장 과정을 그림으로 그려 오는 거예요. 아까 수업 시간의 내용을 잘 이해했으면 누구나 다 할 수 있는 숙제예요. 그러니 한 사람도 빠짐없이 해 오세요. 그림을 잘 그릴 자신이 없는 친구들은 아기 때부터 지금까지의 사진을 다 찾아오도록 해요."

"사진이 없는 애들은 어쩌라고요!"

"맞아, 난 아기 때 사진이 별로 없단 말이야."

"요 녀석들 봐라, 선생님이 숙제 요령을 하나하나 다 알려 줘야 해?"

아이들이 책상을 툭툭 치며 아우성쳤지만, 선생님은 아랑곳하지 않고 교실 밖으로 나가 버렸다.

책가방을 챙긴 아로는 건우에게 쪼르르 달려갔다. 건우는 숙제 이야기를 듣고부터 아주 심각한 표정을 짓고 있었다.

"건우야, 뭐 해?"

"아, 아무것도 아냐."

건우는 고개를 푹 숙인 채 말끝을 흐렸다.

"왜 그래?"

"실은……. 나 어릴 때 사진이 하나도 없어."

"왜? 엄마 아빠가 널 어릴 때 주워 오기라도 한 거야?"

아로는 장난삼아 대수롭지 않게 한 말이었다.

"이아로!"

"야, 그럼 내 사진 빌려줄까? 난 아기 때 사진이 엄청 많은데."

건우는 아로를 흘겨보더니 성큼 걸어가 버렸다.

그런 건우를 물끄러미 바라보던 아로는 멋쩍은 듯 머리를 긁적거리다가 건우의 뒷모습에 대고 소리쳤다.

"치, 삐치기 대장아!"

그리고 아로는 다른 쪽 길로 발걸음을 돌렸다.

건우가 왜 화가 났는지 이해가 안 됐다.

무거운 마음으로 집에 돌아온 아로는 앨범을 찾아 책장을 뒤적거리다가 '육아 수첩'이라고 적힌 수첩 하나를 발견했다. 그 속에는 형체를 알아보기 힘들 정도로 모습이 까맣게 나타난 사진만 들어 있었다.

까만색 사진을 물끄러미 보던 아로는 궁금해서 엄마에게 물었다.

"엄마! 이 사진 속에 내가 어디 있는 거예요?"

"무슨 사진? 아하, 잘 찾아보렴. 네 사진이니까 네가 더 잘 알지."

엄마는 바쁘게 나물을 다듬느라 아로가 내민 사진을 유심히 쳐다보지도 않았다.

아로는 수첩을 넘겨 다음 장을 보았다. 이번에도 까만 배

경 속에 아기인 것 같기도 하고, 아닌 것 같기도 한 모습이 나타났다. 그 밑에는 '아로가 8주째 되던 날 - 예쁜 우리 아로!'라는 글이 쓰여 있었다.

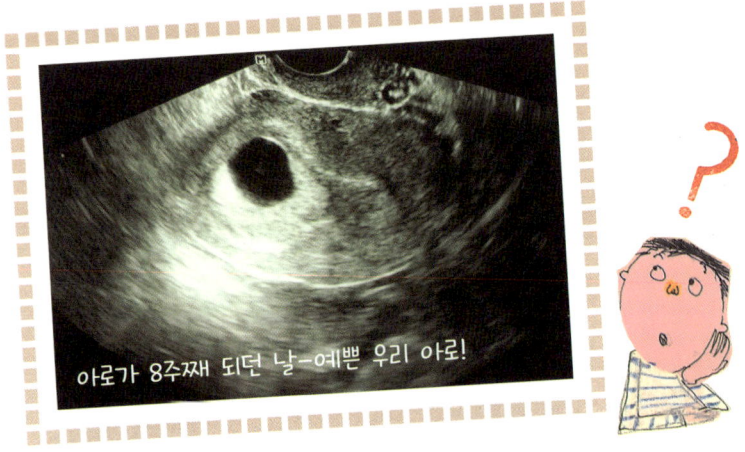

"엄마, 난 언제 엄마랑 아빠를 닮게 된 거예요?"
"그게 무슨 소리야?"
"여기 보세요. 이 사진 속에 있는 나는 외계인 같잖아요. 하지만 돌잔치 때 찍은 사진을 보면 내가 아빠를 쏙 빼닮았잖아요. 언제부터 내가 엄마랑 아빠를 닮기 시작했어요?"

"글쎄."

"8주 됐을 때는 왜 저렇게 작았어요?"

"글쎄."

"내가 세상에 태어날 때도 저렇게 작았어요? 엄마 배 속에서 태어날 때 난 어땠어요? 어떻게 생겼냐고요?"

"글쎄. 기억이 잘 안 나네."

엄마는 머리를 긁적이며 생각에 잠기는 듯하더니, 금세 다른 일에 정신이 팔려 버렸다.

화가 난 아로는 문을 툭 걷어차고서 밖으로 나왔다. 엄마가 어디에 가는 거냐고 소리를 빽 질렀지만, 아로는 대꾸조차 하지 않았다.

아로가 간 곳은 공부균 선생님의 집이었다.

'오늘은 운이 없나 봐. 건우랑 싸우고 엄마랑도 싸우고.'

아로가 이런 생각을 하면서 학원 문을 열었는데, 선생님은 온데간데없고 방 한가운데 갓난아기가 울고 있는 것이었다!

아기 곁에는 에디슨이 아기를 돌보며 앉아 있었다.

"선생님은 어디 가셨지?"

아로가 주위를 두리번거렸다. 그러자 아기가 갑자기 크게 울기 시작했다.

마치 아로에게 무언가를 이야기하려는 것처럼 보였다.

아로는 아기를 안아 들고서 선생님을 찾아다녔다. 얼마쯤 지났을까. 혜리와 건우가 과학교실로 들어오는 것이 보였다.

둘은 아기를 안고 있는 아로를 보고 어리둥절해 했다.

"아빠는?"

"모르겠어. 아무 데도 안 계셔."

"이건 무슨 상자지?"

아로와 혜리가 아기에게 정신이 팔려 있는 사이, 건우가 구석에 놓여 있는 상자 하나를 발견했다. 그것은 1부터 80까지의 눈금이 매겨져 있는 상자였는데, 덩치 큰 어른의 키만큼 아주 컸다.

"이 상자 좀 봐. 뭔가 이상해."

건우가 마치 탐정처럼 신중하게 상자를 살피며 말했다.

순간, 아기가 발버둥을 치며 울기 시작했다.

아로는 아기와 상자를 번갈아 보았다.

"상자에 비밀이 있는 것 같아."

아로의 말에 아기가 더 크게 울었다.

"혹시, 선생님이 이 상자 속으로 들어가신 게 아닐까?"

아로의 말에 건우가 고개를 가로저었다.

"에이, 선생님이 왜?"

"아냐. 우리 아빠라면 충분히 그러실 분이야. 아빠가 이 상자 속으로 사라진 게 분명해."

혜리가 말했다.

"이건 아주 웃긴 생각인데 말이야, 눈금이 1에 맞춰져 있으니까, 혹시 상자 속으로 들어간 선생님이 한 살이 된 건 아닐까?"

건우가 무언가를 추리하듯 말해 놓고, 스스로 생각해도 어이없다는 표정을 지었다.

"아냐, 그럴 수도 있지! 여기가 어디야? 바로 공부균 선생님의 과학교실이잖아. 선생님이라면 얼마든지 말도 안 되는 일을 벌이실 수 있어!"

아로는 상자에 무슨 비밀이 있는 게 틀림없다고 확신했다. 그 비밀은 건우가 말한 것처럼 사람의 나이를 거꾸로 돌려놓는 것일 거라고 생각했다.

아이들은 상자를 앞에 놓고 한참 동안 고민했다. 그 사이, 한참 울어 대던 아기는 잠이 들고 말았다.

"안 되겠어. 상자의 비밀을 밝히려면 누군가 이 상자 속에 들어가 봐야 해. 내가 직접 들어가 보겠어!"

아로가 상자를 벌컥 열어젖혔다.

"잠깐! 그랬다가 영영 돌아오지 못하면 어떡해? 선생님도 안 계신 데 말썽을 일으키면 안 된다고."

건우의 말에 혜리도 맞장구를 쳤다.

"우리 대신 상자에 들어갈 수 있는 걸 찾아보자."

"우리 대신 들어갈 수 있는 거라면······."

중얼거리던 아로는 옆을 획 돌아보았다. 거기에 에디슨이 "야옹!" 하며 앉아 있었다. 아로의 입에 묘한 미소가 번졌다. 그 미소가 위험해 보인다는 걸 느낀 걸까. 에디슨이

온몸의 털을 바짝 세우며 "야옹!" 하고 외쳤다.

도망치려는 에디슨을 붙잡은 아로는 억지로 상자 속으로 밀어 넣었다. 에디슨이 발버둥 쳤지만 아로는 막무가내였다.

"얼른 문을 닫아!"

95

아로가 간신히 에디슨을 상자 안에 밀어 넣자, 건우가 재빨리 상자 문을 닫았다. 그리고 얼마나 시간이 흘렀을까.

'땡!' 소리와 함께 상자 문이 저절로 열렸다. 아이들은 두 눈을 부릅뜨고 상자 속을 바라보았다.

"맙소사!"

"에디슨이……."

상자 밖으로 나온 것은 아주 작은 새끼 고양이였다. 암사자만큼 커다란 덩치의 에디슨이었다고는 믿어지지 않을 정도로 작았다.

아이들은 눈도 채 뜨지 못한 새끼 고양이가 신기하다는 듯 바라보았다.

"이 상자가 공부균 선생님을 아기로 만든 게 틀림없어!"

"그럼 이 아기가 바로 공부균 선생님……!"

아로와 혜리가 아기를 바라보며 중얼거렸다. 새근새근 잠든 아기가 잠결에 꿈을 꾸는지 웃음을 지어 보였다.

"우리 아빠도 아기일 때는 귀여웠구나."

혜리는 잠든 아기, 아니 아빠의 머리를 쓰다듬으며 피식 웃었다.

"얘들아, 여기 있는 이 눈금 표에 숫자가 80까지 있잖아. 1일 때 아기가 됐으니까 80에다 맞춰 놓으면 다시 어른이 되지 않을까?"

여기까지 알아낸 아로, 건우, 혜리는 몹시 흥분했다. 아이들은 조심스럽게 잠든 아기를 상자에다 넣었다. 상자 문을 닫은 지 얼마나 흘렀을까. '땡!' 소리와 함께 상자 문이 저절로 열렸다.

세 아이는 자신들의 예상이 맞았을까 하고 잔뜩 기대에 찬 눈으로 상자 쪽을 바라보았다. 하지만 웬걸! 상자 속에서 나온 건 허연 백발에 주름이 쭈글쭈글한 할아버지였다.

할아버지의 등은 활처럼 굽어 있고, 지팡이가 없으면 제대로 서기조차 힘들어 보였다.

"누, 누구세요?"

아이들이 동그래진 눈으로 물었다.

"누구긴 나야, 나. 세상에서 가장 유익한 균, 공부균 선생님이지."

할아버지가 쉰 목소리로 말했다.

아로와 건우는 어안이 벙벙했다.

"내가 아빠 땜에 못살아!"

혜리의 입에서는 깊은 한숨이 흘러나왔다.

나비가 된 애벌레

이상한 상자는 '한살이 상자'라는 것이었다. 1부터 80까지의 숫자는 나이를 뜻하는데, 원하는 나이의 숫자를 맞춰 놓고 상자 속으로 들어가면 그 숫자만큼의 나이로 변하게 되는 것이다.

"이건 여러 가지 동물의 한살이에 대한 수업을 할 때 쓰려고 만든 상자란다."

공부균 선생님은 새끼 고양이가 된 에디슨을 보고 빙긋 웃음을 지었다.

"동물들은 짝짓기를 통해 후손을 낳는단다. 이때 어떤 동물은 새끼를 낳고 또 어떤 동물은 알을 낳지. 어미가 새끼를 바로 낳는 것은 '태생'이라고 해. 사람을 포함한 포유류들은 대부분 새끼가 암컷의 배 속에서 일정 기간 자란 뒤 태어나게 된단다."

공부균 선생님이 말을 이었다.

"에디슨은 고양이니까 포유류에 해당하고, 태생이겠지?"

"네."

"그럼 새끼를 낳는 동물들은 어떤 특징을 가졌을 것 같니?"

"음, 돼지도 그렇고 소도 그렇고, 개나 고양이도 그렇고 대부분 털이 있는 것 같아요."

건우가 조심스럽게 대답했다.

"옳지, 또?"

"새끼가 젖을 먹어요!"

아로가 질세라 큰 소리로 대답했다.

"옳지, 또 다른 특징은 없을까?"

아이들이 우물쭈물 망설이자, 공부균 선생님은 장난스러운 표정을 짓더니 되물었다.

"에디슨이 새끼를 가지려면 어떻게 해야 하지?"

"그야 멋진 수컷 고양이를 만나야죠."

아이들이 대답하자, 공부균 선생님이 무릎을 탁 치며 웃었다.

"바로 그거야. 새끼를 낳는 동물들은 암컷과 수컷이 만나서 짝짓기를 한다는 게 특징이지."

그러면서 선생님은 한살이 상자 속에다가 눈도 채 뜨지 못한 에디슨을 집어넣었다.

"자, 에디슨이 한살이 상자 속에서 자라는 걸 살펴보렴."

"새끼를 낳는 동물들은 저마다 임신 기간도 다르고, 한 번에 낳는 새끼의 수도 달라. 사람은 약 280일 동안 엄마의 배 속에 있어야 하지. 하지만 쥐는 3주 정도 어미 배 속에 있어야 하고, 고양이는 2개월 반가량, 개는 3개월 가량 있어야 해."

"동물들 가운데 임신 기간이 제일 긴 건 사람인가요?"

아로의 물음에 공부균 선생님은 고개를 가로저었다.

"아니, 새끼 코끼리는 어미 배 속에서 무려 2년 가까이 있어야만 태어날 수 있단다."

"와, 코끼리는 엄마한테 정말 효도해야겠네요. 그 무거운 새끼 코끼리를 2년씩이나 품고 있어야 하니 말이죠."

건우가 불룩한 코끼리 배를 상상하며 말했다.

"어미 배 속에서 새끼가 아니라 알로 태어나는 걸 '난생'

갓 태어난 고양이
눈이 감겨 있고, 움직이지도 못한다.

고양이의 성장 과정

2~3개월 후의 고양이
눈을 뜨고 움직인다. 먹이 대신 어미젖을 먹는다.

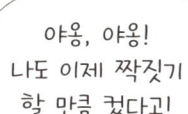

야옹, 야옹! 나도 이제 짝짓기 할 만큼 컸다고!

다 자란 고양이
새끼를 낳아 기를 수 있을 만큼 자란다.

어린 고양이
이빨이 나고 먹이를 먹기 시작한다.

와, 저 작은 이빨 좀 봐.

이라고 한단다. 파충류나 조류, 곤충들은 대부분 알을 낳고, 일정 시간이 지나면 그 알에서 새끼가 나오지. 아 참, 어떤 경우에는 어미의 몸에서 알이 부화해서 새끼로 태어나는 경우도 있어. 살모사 같은 뱀이 그렇지. 그리고 플라나리아 같은 단세포 생물은 몸뚱이가 잘려지면 또 다른 플라나리아가 된단다. 이렇게 굳이 짝짓기를 하지 않아도 번식하게 되는 것을 '무성 번식'이라고 하지."

한편, 선생님의 설명을 듣던 아로는 궁금증이 하나 생겼다.

'새끼 고래는 어미 고래를 닮았고, 새끼 얼룩말도 어미 얼룩말을 닮았는데 어째서 개구리나 배추흰나비 애벌레 같은 동물들은 어미와는 전혀 다른 모습으로 태어나는 것일까?'

아로가 고개를 갸웃거리고 있는데, 공부균 선생님이 글라스에 담긴 작은 알 하나를 핀셋으로 집어 들었다. 쌀알보다 작고 흰 알이었다.

"이건 배추흰나비의 알이란다."

선생님은 그것을 한살이 상자로 가져가 넣었다. 그러자

상자 속의 알이 애벌레가 되었다가 번데기로, 번데기에서 다시 어른벌레로 바뀌는 모습이 보였다.

"알에서 태어난 애벌레가 번데기 과정을 거쳐 어른벌레가 되는 곤충을 '완전 변태' 과정을 거치는 곤충이라고 한단다. 번데기가 되지 않고 바로 어른벌레가 되는 매미나 잠자리, 메뚜기 등과 같은 곤충은 '불완전 변태'를 하는 곤충이라고 하지."

공부균 선생님이 한살이 상자 문을 열자, 나비 한 마리가 팔랑팔랑 날아올랐다.

"말도 안 돼! 어떻게 어미하고 새끼의 모습이 저렇게 다를 수가 있어요? 새끼는 징그러운 벌레인데 어미는 아름다운 나비라니, 이해가 안 가요."

아로가 외쳤다.

"그건 생태계를 유지하기 위한 자연의 섭리 때문이란다."

"자연의 섭리요?"

아로가 되물었다.

"배추흰나비의 새끼인 애벌레는 배추 잎을 갉아 먹지

만, 어른벌레가 되면 이 꽃, 저 꽃 사이를 날아다니면서 꿀을 빨아먹지. 생각해 보렴, 어미와 새끼가 모두 꿀을 먹어야만 한다면 배추흰나비 애벌레들의 수가 많이 줄어들겠지?"

"왜요?"

"먹이를 구하지 못하는 배추흰나비 애벌레들이 생길 테니까! 그렇죠, 선생님?"

건우가 끼어들어 대답했다.

"그래. 어미와 새끼가 같은 먹이를 먹어야 한다면 서로 먹이를 놓고 다퉈야 하잖아."

건우와 아로는 서로의 얼굴을 동시에 바라보았다.

아로가 먼저 공부균 선생님을 보았다.

"그렇게 되면 새끼가 살아남을 확률이 그만큼 줄어들게 되겠지. 올챙이와 개구리도 마찬가지야. 올챙이는 물속에 살면서 녹조류를 먹고, 개구리는 물 밖으로 나와서 작은 벌레를 잡아먹지."

아로는 한 번도 생태계에 이런 놀라운 비밀이 있을 거라고는 생각해 본 적이 없었다. 자연의 모든 것은 무엇 하나도 그냥 만들어진 것이 없다. 작은 풀 하나, 벌레 하나도 저마다 존재해야 하는 이유가 있다. 아로는 이렇게 치밀하고 완벽한 자연의 섭리가 정말 놀라웠다. 그리고 자연의 신비에 가슴이 벅차올랐다.

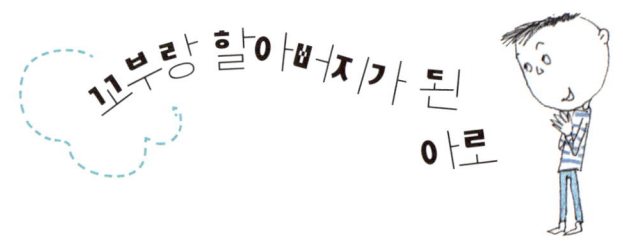

꼬부랑 할아버지가 된 아로

"그런데 선생님, 제가 한살이 상자에 들어간 뒤에 눈금을 0으로 맞추면 어떻게 되나요? 혹시 제가 이 세상에서 사라져 버리나요?"

건우가 공부균 선생님을 향해 갑자기 생각났다는 듯 물었다.

"왜 그렇게 생각하니?"

"0살일 때 나는 이 세상에 태어나지 않았으니까, 사라지는 게 아닌가요?"

공부균 선생님은 천천히 고개를 가로저었다.

"눈금을 0으로 맞추면 넌 아주 작은 수정란이 되겠지."

"수정란이요?"

"수정란을 이야기하려면 엄마가 가진 난자와 아빠가 가진 정자부터 이야기해야 해. 엄마의 몸속에 있는 생식기인

자궁에는 '난소'라는 곳이 있지. 난소는 아몬드처럼 생긴 주먹만 한 공간이야. 이곳에서는 한 달에 한 번, 난자를 만들어 낸단다. 아빠의 몸에 있는 생식기인 고환에서는 정자를 만들어 내지."

"우리가 태어나기 위해서는 아빠의 정자가 엄마의 몸속으로 들어가야 한단다. 엄마, 아빠가 서로 사랑을 나누게 되면 엄마의 질 속으로 정자들이 들어가게 돼. 대략 4억 개에서 5억 개 정도의 정자들이 난자를 향해 달려가지."

"와, 그렇게 많은 정자가 엄마 몸속으로 들어간다고요?"

건우는 눈을 휘둥그레 떴다. 엄마 몸속으로 수많은 정자가 들어가서 엄마의 배가 남산처럼 볼록해지는 모습을 상상했다.

"하하, 정자의 크기는 아주 작아서 현미경으로 봐야 확인할 수 있을 정도란다. 그러니 걱정할 거 없어."

"아기는 엄마의 난자랑 수많은 정자가 합쳐져서 만들어지는 건가요?"

"아니. 몇 억 개의 정자들 가운데 난자를 만나서 살아남을 수 있는 건 딱 하나밖에 없어. 그래서 우리의 생명은 소

여자의 생식기

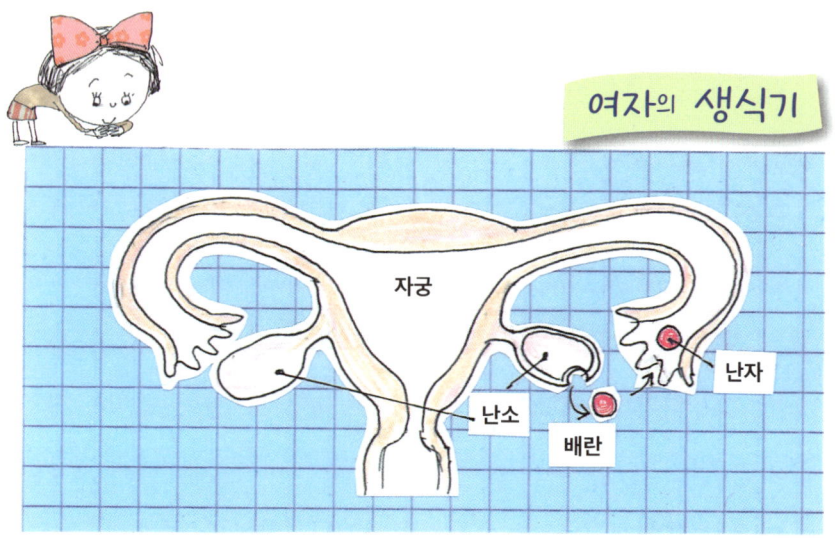

남자의 생식기

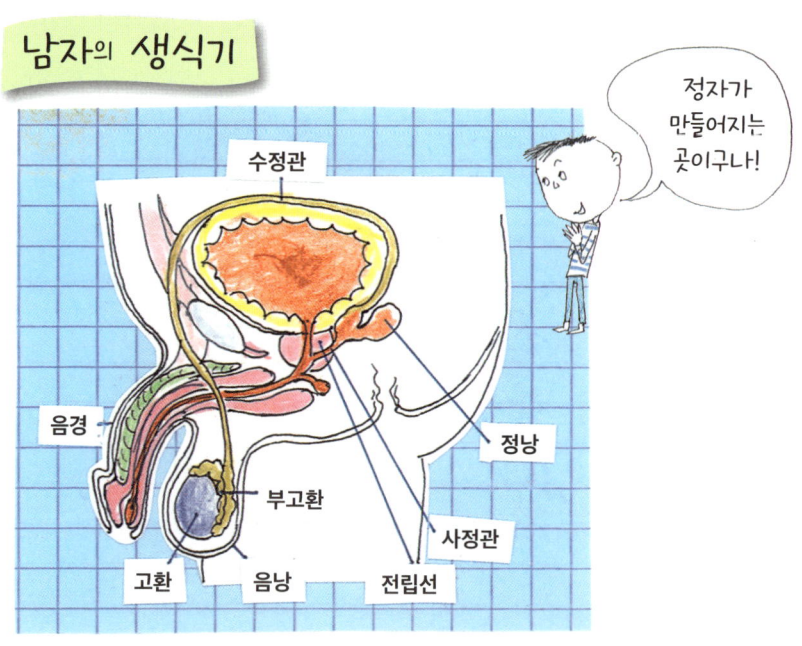

중한 거란다. 수백억 대 일의 경쟁을 물리치고 난자와 만나게 된 정자가 새로운 세포가 돼서 점점 커진 것이니까."

 난자와 정자가 만나서 하나의 새로운 세포가 된 것을 '수정란'이라고 한다. 수정란은 세포가 두 개로 쪼개지고, 두 개가 다시 네 개로 쪼개지고, 네 개가 다시 여덟 개로 쪼개지고, 이렇게 계속 나누어지다 보면 원래 하나의 덩어리였던 수정란이 눈, 코, 입, 손, 발이 달린 태아의 모습을 갖추게 되는 것이다.

 선생님의 설명을 듣던 아로는 엄마의 '육아 수첩'에 붙어 있던 까만색 사진이 떠올랐다. 그 사진 속에 있는 아주 작고 흰 무엇……. 그것은 엄마 배 속에서 수정된 지 8주가 된 아로의 모습이었다.

 "우리 엄마는 내가 눈, 코, 입이 달리기도 전인 태아였을 때도 예뻐했었구나."

 아로는 아까 엄마에게 짜증을 내고 나온 것이 미안해졌다. 아로가 코를 훌쩍이고 있는데, 건우가 할아버지가 된 공부균 선생님을 보며 말했다.

 "그런데요, 선생님. 지금 이러고 있을 때가 아니잖아요.

원래 모습으로 돌아오셔야 하잖아요."

"아차차, 그렇구나. 내가 한살이 상자 안에 들어갈 테니 40으로 맞춰 주렴."

공부균 선생님이 상자에 들어가자, 건우가 얼른 눈금을 맞췄다. 그러자 조금 전까지 꼬부랑 할아버지였던 선생님이 원래의 모습으로 돌아왔다. 그런데 상자에서 나온 공부균 선생님은 갑자기 아로의 손을 낚아채며 말했다.

"자, 이번에는 사람이 어떻게 성장하는지 살펴볼까?"

선생님은 재빨리 한살이 상자 속에 아로를 들여보내고 눈금을 80으로 맞추었다. 그러자 아로는 점점 어른으로 변했다가 나중에는 쭈글쭈글한 할아버지로 변했다.

공부균 선생님은 다시 눈금을 10으로 맞췄다. 그러자 아로는 금방 열 살인 원래 모습으로 되돌아왔다.

"어떠냐? 한 세상을 산 기분이? 자, 이제 나오렴."

공부균 선생님이 상자 문을 열면서 손을 내밀었다. 하지만 아로는 상자 안에 쪼그리고 앉은 채 꼼짝도 하지 않으려고 했다.

"선생님, 상자의 눈금을 3으로 맞춰 주세요."

"아니, 왜?"

"전 세 살이 되고 싶어요."

"왜?"

"세 살이면 엄마가 숙제하라고 잔소리도 안 하실 거고, 말썽 피운다고 꾸짖지도 않으실 거잖아요."

아로의 말에 모두 웃음을 터뜨렸다.

간신히 원래 크기대로 돌아온 에디슨이 가르릉거리며 아로 옆으로 다가왔다.

동물로 변했어요!

**네 번째 실험
동물의 세계**

창의력 호기심

동물들이 서로 생긴 게 다른 이유가 뭘까?
물고기는 어떻게 물속에서 숨을 쉴까?
무척추동물은 왜 척추가 없는 것일까?

    끝이 보이지 않는 까마득한 절벽.
    그 끝에는 아로가 가까스로 매달려 있었다. 절벽을 향해 바람이 휘몰아칠 때마다 아로의 몸도 파도를 만난 배처럼 휘청거렸다. 아로의 팔이 저릿저릿 저려 왔다. 손끝의 힘만으로는 더 이상 버틸 수가 없을 것 같았다.

　'아, 시간을 되돌릴 수만 있다면……. 그렇다면 정말 세상에서 가장 착한 이아로가 될 텐데.'
　이렇게 생각하며 아로는 눈을 꼭 감았다. 손끝에서 기운이 주르륵 빠졌다.
　바로 그때, 아로의 손끝에 따뜻한 감촉이 느껴졌다. 뭉클뭉클하고 까칠한 무언가가. 마치 커다란 혓바닥이 닿는 느낌이었다. 아로는 마음속으로 '바보같이. 에디슨이 내 손을 핥을 리가 없잖아.'라고 생각했다.
　그런데 누군가의 손이 아로를 세게 끌어당기는 것이 아닌가! 아로가 실눈을 뜨고 보니 혜리와 건우의 얼굴이 보였다. 둘은 있는 힘껏 아로를 끌어당겼다. 아로는 너무 기뻐서 눈물이 날 지경이었다.

"얘들아! 날 구하러 와 줬구나!"

"이아로, 너 또 무슨 말썽을 핀 거야? 대체 어떻게 된 거야?"

혜리가 눈살을 찌푸리며 아로를 노려보았다.

"그게 어떻게 된 거냐 하면……."

아로는 조금 전까지 있었던 일들을 떠올려 보았다. 대체 왜 이런 일이 일어나게 된 것일까? 이 일을 설명하려면 먼저 오후에 있었던 일을 이야기해야만 한다.

조금 전까지만 해도 아로와 건우, 혜리는 평소와 다름없는 하루를 보내고 있었다. 학교 수업을 마친 아이들은 공부균 선생님의 과학교실로 왔다. 여느 때와 마찬가지로 아로는 호들갑을 떨었고, 건우는 그런 아로를 향해 '가만히 좀 있어.'라며 곁눈질을 했다.

혜리는 툴툴거리고 있었고, 에디슨은 창가에 드러누워 햇볕을 쬐느라 바빴다.

아로와 아이들은 집 안으로 들어가 엘리베이터를 탔다. 건우가 엘리베이터의 버튼 가운데 '교실'이라고 적힌 버튼을 눌렀다. 엘리베이터가 '웅' 소리를 내며 움직이는 동안, 아로는 갑자기 궁금한 점이 하나 생겼다. 엘리베이터 안에 있는 다른 버튼을 누르면 어떻게 될까 궁금해졌다.

"혜리야, 나머지 버튼을 누르면 어떻게 될까?"

"나도 몰라."

"그럼 살짝, 한 번만 눌러 볼까?"

"안 돼. 아빠가 집이랑 교실 말고 다른 버튼은 절대로 누르면 안 된다고 하셨어."

'집, 교실, 땅, 물, 하늘, E'라고 쓰인 버튼 가운데 왜 두 개밖에 누를 수 없는 것일까? 궁금해진 아로는 혜리와 건우가 내리자마자 재빨리 '땅'이라는 버튼을 눌러 버렸다. 하지만 버튼을 눌러도 아무 일도 일어나지 않았다.

"에이, 뭐야. 그냥 폼으로 있는 버튼인가 봐."

아로가 입술을 삐죽이며 볼멘소리를 하는데 '띵' 하는 버튼 소리와 함께 엘리베이터 문이 열렸다. 순간 발을 앞으로 내디딘 아로의 입에서 외마디 비명이 터져 나왔다.

문 앞에 펼쳐진 것은 끝이 보이지 않는 낭떠러지였다. 가까스로 건우와 혜리의 팔을 붙잡고 올라온 아로는 숨을 헉헉 몰아쉬었다.

"어떻게 된 거냐니까? 설마, 절대 누르지 말라고 한 버튼을 누른 거야?"

혜리가 쏘아붙였다.

"몹시 궁금해서 살짝 눌러 보긴 했지."

아로가 기어들어 가는 목소리로 대답하자 건우와 혜리의 입에서 동시에 한숨이 터져 나왔다.

그 사이 아로는 궁금증을 참지 못하고 엉뚱한 짓을 저질러 버렸다. '물'이라고 쓰인 버튼을 눌러 버린 것이다. '띵' 하는 소리와 함께 엘리베이터의 문이 또 열렸다. 그러자 거대한 파도가 아로와 혜리, 건우를 향해 몰려왔고, 아이들의 입에서는 외마디 비명이 터져 나왔다.

"으악!"

"파도다!"

"난 수영을 못한단 말이야. 어푸어푸."

건우는 물속에서 허우적대며 아로를 원망했다.

"어휴, 아빠 왜 저렇게 이상한 것들을 만들어서 날 피곤하게 만드는지 몰라."

엘리베이터 문이 열리자, 혜리가 짜증스러운 얼굴을 하고서 교실로 걸어갔다. 놀라서 얼굴이 백지장처럼 하얗게 질린 건우는 비틀거리며 엘리베이터에서 내렸다. 소풍을 갔다가 억지로 집에 끌려온 아이처럼 김빠진 얼굴을 하고 있는 건 아로밖에 없었다.

"아빠, 저 엘리베이터는 뭐예요?"

혜리가 공부균 선생님을 향해 따지듯이 물었다.

"무슨? 아아, 엘리베이터? 너희들, 먼저 가 봤구나? 이 약이 완성되면 데리고 가려고 했는데."

공부균 선생님은 비커 속에 들어 있는 조그만 알약들을 보여 주며 말했다.

"어떤 약이요?"

아로가 눈을 반짝이며 물었다.

"동물들하고 말을 주고받을 수 있는 신비한 약이지. 하지만 아직 다 완성하지 못했어. 부작용이 좀 있더라고. 그

부작용이 뭐냐면……."

공부균 선생님이 잠시 말끝을 흐린 채 알약을 바라보았다. 그 사이에 아로가 잽싸게 알약을 집어 들었다. 놀란 공부균 선생님이 "안 돼!"라고 외쳤지만, 이미 아로가 알약을 삼켜 버린 뒤였다.

"저런……."

공부균 선생님이 쩝 하고 입맛을 다셨다. 그러는 동안 아로의 몸에는 이상한 변화가 일어났다.

귀는 뾰족해지고, 입은 길어지고 단단해져서 새 부리처럼 변했고, 양쪽 겨드랑이 사이에서 날개가 돋아났다. 두 팔은 길이가 짧아졌고, 다리는 아주 굵어지고 튼튼해졌으며, 엉덩이에는 꼬리가 생긴 것이다. 게다가 아로의 등 한가운데에 지느러미가 생겼고, 피부는 미끌미끌 비늘로 덮이기까지 했다.

"어, 이게 뭐야!"

괴물처럼 변한 아로는 울상을 지었다.

혜리와 건우는 그런 아로를 보고 웃을 수도 울 수도 없었다.

"아빠, 그 이상한 약을 우리한테까지 먹으라고 강요하지는 마세요!"

혜리가 소리를 내질렀지만, 공부균 선생님은 언제나 그렇듯 태연했다.

"기왕 이렇게 되었으니, 동물들이 하는 이야기나 들어 볼까?"

공부균 선생님은 아이들을 데리고 엘리베이터가 있는 쪽으로 갔다.

"그런데 선생님, 동물들은 왜 땅에 사는 동물이랑 하늘에 사는 동물, 물에 사는 동물들이 각각 생김새가 달라요? 모두 비슷하면 좋을 텐데."

건우의 말에 혜리가 고개를 흔들었다.

"웩, 넌 아로를 보고도 그런 소리가 나와? 모두 합쳐 놓으니까 괴물 같잖아. 땅에 사는 동물은 땅에 사는 동물들처럼 생긴 게 가장 어울리고, 하늘에 사는 동물은 하늘에 사는 동물들처럼 생긴 게 가장 어울리는 것 같아. 새가 깃털 대신 비늘이 있다고 생각해 봐. 징그럽잖아."

"그런가······."

건우가 아로를 보며 고개를 갸웃거리고 있을 때였다.

공부균 선생님이 빙그레 웃으며 아이들 사이를 비집고 들어왔다.

"동물들이 서로 생긴 게 다른 이유가 뭐냐고? 그건 살아가는 환경과 먹이 때문이란다."

"먹이랑 환경이요?"

"그래, 물속에 사는 동물들이 하늘에 사는 동물들처럼 깃털이 있다고 생각해 보렴. 깃털이 젖어서 몸이 무거워질 테고, 그러면 자기를 잡아먹으려는 무서운 적을 만났을 때 빨리 도망치기가 어렵겠지?"

건우는 물고기의 몸에 털이 수북수북 난 것을 상상해 보았다. 피식 웃음이 났다.

"동물의 몸은 어떤 환경에 사느냐에 따라, 살아가기 위해 꼭 필요한 에너지를 얻기 쉬운 쪽으로 발달하게 된단다."

공부균 선생님이 설명하는 동안에, 아로는 드넓은 초원을 뛰어다니느라 바빴다. 다리의 힘이 더 튼튼해진 덕분에 힘껏 달릴 수가 있었다.

"와, 내가 자동차보다 더 빠른 것 같아!"

아로가 신이 나서 소리쳤다.

혜리와 건우는 괴상망측하게 변한 아로의 모습이 싫었지만, 치타보다 빨리 달릴 수 있는 능력만큼은 부러웠다. 특히, 체육을 못하는 건우는 슬그머니 공부균 선생님이 만든 약을 먹고 싶다는 생각까지 들었다.

"자, 동물은 어떤 기준으로 나눠야 할까? 지금부터 우리가 함께 알아봐야 할 주제야."

공부균 선생님이 눈빛을 반짝이며 살짝 미소를 지어 보였다.

등뼈가 있으니 해삼이 먹고 싶어

"동물을 나누는 가장 큰 기준은 등뼈가 있느냐, 없느냐 하는 것이란다."

공부균 선생님의 말에 아이들은 일제히 자기 등뼈를 더듬어 보았다.

"등뼈를 가진 척추동물 가운데 가장 대표적인 것으로는 포유류를 들 수 있어. 포유류는 새끼를 낳고, 젖을 먹여 키우는 동물이지. 조류는 부리와 깃털이 있고 날개가 달린 종을 통틀어 말해. 알을 낳고 두 개의 다리를 가졌지."

"선생님, 거위나 타조처럼 날 수 없는 동물도 조류라고 하나요?"

"그럼. 비록 지금은 날 수 없지만 아주 먼 예전에 타조의 조상은 하늘을 날았단다."

"와!"

"파충류는 털이 없고 피부가 딱딱한 비늘로 덮여 있는 종이야. 주위 환경에 따라 몸의 온도가 변하는 냉혈 동물이라고도 해."

"선생님, 영화를 보면 인정사정없는 인간들을 냉혈 동물이라고 부르던데요. 냉혈 동물이 정말 나쁜 동물이에요?"

건우가 호기심이 가득한 얼굴로 물었다.

"그건 아니야. 냉혈 동물은 피가 차가운 동물을 말해. 반대로, 피가 따뜻한 동물을 온혈 동물이라고 하는 거고."

"그러면 사람은 온혈 동물이네요. 냉혈 동물에는 어떤 동물들이 있어요?"

"보나마나 뱀일 거야. 난 뱀이 아주 싫거든."

혜리가 얼굴을 찡그렸다.

"딩동댕. 혜리가 맞혔는걸. 개구리, 뱀, 도마뱀이 대표적인 냉혈 동물이지."

"와! 혜리야, 네가 정답을 맞히기도 하는구나."

"나도 내가 놀라워!"

혜리가 아로에게 혀를 쏙 내밀었다.

"아까 설명했듯이 변온 동물이 냉혈 동물이야. 외부의 온

도에 따라 체온이 변하는 동물이지. 온혈 동물은 정온 동물이라고도 해. 냉혈 동물은 양서류와 파충류, 어류, 그리고 무척추동물이야. 냉혈 동물은 체온 조절 능력에 한계가 있어서 겨울에는 활발하게 활동을 하지 못해. 그래서 겨울잠을 자는 거지."

"아하! 겨울잠의 비밀이 그것이었구나."

아로와 건우, 혜리가 고개를 끄덕였다.

"그런데 냉혈 동물 중에 양서류는 물 밖에서 피부와 폐로 호흡을 하는 게 특징이란다. 어류는 모든 물고기 종류를 말해. 비늘과 지느러미가 있고, 부레로 공기를 조절하여 물에 뜨거나 가라앉지."

공부균 선생님은 한눈에 동물의 종류를 알아볼 수 있게 큰 그림을 보여 주었다.

"이제 무척추동물에 대해서 설명해야겠구나."

공부균 선생님의 설명이 이어질 찰나, 아로가 갑자기 "선생님." 하더니 불쑥 앞으로 나섰다. 그 바람에 선생님의 말이 뚝 끊어졌다.

"왜 그러니?"

"히드라, 해삼, 말미잘, 해파리 같은 게 무척추동물이죠?"

"그렇지."

"휴, 다행이다."

"갑자기 다행이라니, 왜?"

"저는 해삼을 무척 좋아하거든요. 무척추동물은 하등 동물 아니에요? 척추동물보다 못한 동물을 무척추동물이라고 하는 거잖아요. 저는 척추동물이니까 하등 동물인 무척추동물을 먹어도 되는 거지요? 해삼을 떠올리니 벌써 입에 침이 고여요."

아로가 날개처럼 생긴 손으로 입가에 흐르는 침을 닦았다.

그 모습을 본 공부균 선생님은 한숨을 내쉬며 고개를 절레절레 저었다.

산호, 히드라, 말미잘, 해파리 같은 자포동물도 무척추동물이고.

말미잘

산호

우린 배설 기관도 없고, 소화 기관도 없어. 진화가 덜 됐지.

히드라

해파리

무척추동물의 종류 1

거미

우린 자포동물 하고 달라. 제대로 진화됐다고!

뇌세포가 덜 진화된 아로하고 비슷하네.

지네

다리가 마디마디 꺾이는 지네나 거미, 전갈, 새우류 같은 절지동물도 무척추동물이야.

새우

전갈

난 문어나 낙지 같은 연체동물만 무척추동물인 줄 알았어.

낙지

우린 제법 유연하지! 유~우~연!

문어

무척추동물의 종류 2

불가사리

해삼

성게

그럼 우리 에디슨이 좋아하는 지렁이 같은 동물도 무척추동물이야?

우리 같은 동물도 무척추동물이야. 우린 극피동물이라고 하지.

야옹!

야, 고양이가 지렁이를 왜 좋아해!

이야옹! 꿀꺽!

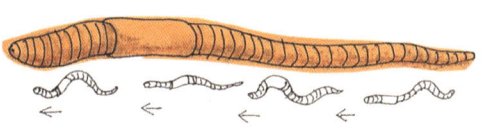

몸통이 둥글고 길쭉한데다가 마디마다 체절이 있어서 몸을 오므렸다 펼 수 있는 지렁이는 환형동물이라고 해.

무척추동물에도 종류가 많구나.

동물=150만 종

지구에 사는 동물의 종류는 무수히 많단다. 이름을 붙인 동물의 수가 150만 종 정도이고, 아직 이름을 못 붙여 준 동물이 전체 동물의 80%나 된대.

그럼 이 세상엔 새로운 동물이 있을 수도 있겠네?

멀리서 찾을 필요 없이 바로 저기도 있잖아. 이아로!

사자의 입 냄새

"척추동물이든 무척추동물이든 모든 동물에게는 집이 있어. 우리 인간에게 집이 있는 것처럼 말이지. 동물의 특징은 사는 곳에 따라 저마다 먹이도 다르고, 살아가는 방법도 다르단다. 어떤 동물은 땅에 살고, 어떤 동물은 물에 살며, 또 어떤 동물은 하늘과 땅을 오가며 살고, 어떤 동물은 물과 땅을 오가며 살고. 어디에 살든, 모든 동물들은 환경에 적응하기 위해서 노력하고 있지."

공부균 선생님이 한창 설명을 하고 있는데, 아로가 호들갑스레 소리를 질렀다. 글쎄, 저 멀리서 사자가 다가오고 있다는 것이었다.

"윽, 사자가 하품했어. 입 냄새 정말 지독하다. 토할 것 같아."

아로가 코를 벌름거리며 중얼거렸다.

"아무 냄새도 안 나는데?"

혜리가 코를 쿵쿵거리며 말했다.

"이 지독한 냄새가 안 느껴져?"

아로가 어이없다는 듯 소리쳤다.

"정말 아무 냄새도 안 나."

"맞아, 이아로. 너 허풍이 너무 심해진 거 아니야? 저 멀리 있는 사자 입 냄새를 어떻게 맡니?"

혜리와 건우가 아로를 힐끔 노려보자, 공부균 선생님이 웃으며 말했다.

"허허, 아주 불가능한 건 아니지. 땅 위에 사는 동물들은 시력이 아주 좋아. 덕분에 먹잇감이나 적이 멀리 있어도 알아볼 수 있지. 또 땅속에 사는 동물들은 어두운 땅속에 살다 보니 시력은 나빠졌지만, 대신 코와 귀가 아주 예민해졌단다. 그래서 아주 먼 곳에서 바스락거리는 소리도 들을 수 있어."

공부균 선생님은 땅 위에 사는 동물은 대부분 땅을 딛고 서 있기에 알맞도록 다리가 발달했고, 허파로 숨을 쉬는 것이 특징이라고 말해 주었다. 또 땅속에 사는 동물은 시력이 약한 대신 청각과 후각이 발달했으며, 땅을 파기에 편리하도록 몸이 발달했다는 것도 말해 주었다.

땅 위나 땅속에 사는 동물의 특징에 대해 들은 아이들은 물속에 사는 동물이 궁금해졌다. 아이들의 마음을 알아차린 것일까. 공부균 선생님은 엘리베이터 쪽으로 아이들을 데리고 갔다. 엘리베이터의 문이 열리려는 찰나, 선생님은 아이들에게 동그란 알약 하나씩을 나눠 주었다. 이윽고 '띵!' 하는 소리와 함께 물이 몰려왔다.

그러자 수영을 못하는 건우가 겁에 질려 소리쳤다. 하지만 신기하게도 건우의 몸은 물속에서 자유롭게 움직이고 있었고 숨을 쉬는 것도 편했다.

"이게 다 뻐끔뻐끔 알약 덕분이지."

선생님은 자신이 만든 발명품이 자랑스러운 듯 배시시 웃음을 지었다.

"뻐끔뻐끔 알약이요?"

"인간은 허파로 호흡을 하기 때문에 물속에서는 숨을 쉴 수가 없어. 하지만 내가 만든 뻐끔뻐끔 알약을 먹으면 아가미가 있는 물고기처럼 물속에서 마음껏 숨을 쉴 수 있게 되지."

"아가미가 뭔데요?"

건우가 눈을 끔뻑이며 물었다.

공부균 선생님은 헤엄치고 있는 물고기 하나를 붙잡아서 옆면을 보여 주었다. 물고기의 옆면에는 붉은 빗살 모양의 무언가가 열렸다, 닫혔다 하고 있었다.

"이게 바로 아가미란다. 물고기도 사람이나 땅에 사는 동물처럼 숨을 들이마실 때 산소가 필요하고, 숨을 내뱉을 때 이산화탄소가 배출되지. 물고기가 다른 동물들과 다른 점은 허파가 아니라 아가미로 산소를 들이마시고 이산화탄소를 내뱉는다는 점이야."

"물고기가 아가미를 벌렸다 닫았다 하는 건 물속의 산소를 들이마시고 내뱉는 거로군요."

"그렇지! 이제 하나를 가르치면 열을 척척 알아듣는 제자들이 됐군."

공부균 선생님이 흐뭇해했다.

한편, 아로의 몸은 물속에서 유연하게 움직였다. 건우나 혜리도 자유롭게 몸을 움직였지만, 아로의 움직임은 다른 아이들과는 비교가 되지 않을 정도로 빨랐다.

"와, 선생님! 저 좀 보세요. 제가 이렇게 수영을 잘하는 줄은 꿈에도 몰랐어요! 이다음에 수영 선수나 해 볼까?"

"아로야, 네 수영 솜씨는 지느러미랑 비늘 덕분이야."

공부균 선생님은 아로의 등 가운데에 있는 지느러미를 가리켰다.

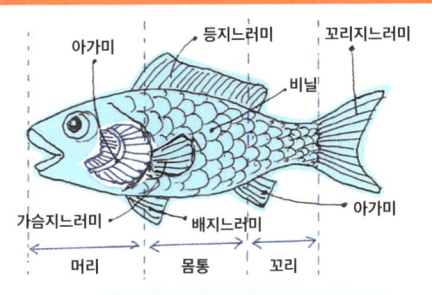

물고기는 물속 환경에 적응하기 위해 아가미, 지느러미, 비늘 같은 것을 만들었지.

비늘은 왜 필요하지요?

반짝반짝 보기 좋으라고?

바보야, 설마 그런 이유로 필요하겠어?

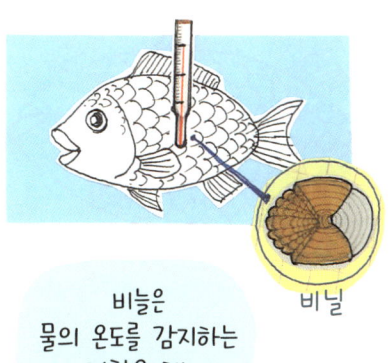

비늘은 물의 온도를 감지하는 역할을 해.

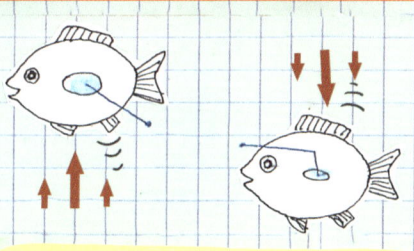

난 부레를 이용해서 물속을 자유롭게 떠다니고, 지느러미와 비늘로 방향을 바꾸지!

부레는 튜브 같은 거야. 공기가 차면 물고기의 몸이 위로 올라가기 쉽고, 공기가 빠지면 몸이 아래로 내려가게 되지.

아가미, 지느러미, 부레, 비늘… 물고기에게 이런 것이 발달하게 된 건 물이라는 환경에 적응해 가며 살아야 했기 때문이란다.

선생님, 만약 물고기가 하늘에 살았다면 어떻게 됐을까요? 지느러미 대신 날개가 생겼을까요?

아마 그랬겠지?

공부균 선생님은 혜리와 건우에게 또 다른 알약을 내주었다. 아이들은 의심하지 않고 알약을 넙죽 받아먹었다. 그러자 선생님은 아이들을 엘리베이터에 태우더니 '하늘' 버튼을 눌렀다.

"이번에는 하늘이다! 두려워하지 말고 걸어 보렴. 너희가 먹은 둥실둥실 알약은 하늘에서도 마음껏 걸을 수 있게 해 주는 약이니까."

공부균 선생님이 먼저 한 발 앞으로 내디뎠다. 그러자 거짓말처럼 선생님의 몸이 사뿐하게 하늘을 걸어 다녔다. 혜리와 건우도 이번만큼은 자신 있게 앞으로 걸어 나갔다.

얼마쯤 갔을까. 저쪽에서 아로의 고함 소리가 들려왔다.

"선생님! 혜리야, 건우야! 나 좀 도와줘. 힘이 들어서, 헥헥."

아이들이 고개를 돌리자, 뒤따라오느라 땀을 뻘뻘 흘리고 있는 아로의 모습이 보였다. 아로는 날개처럼 변한 두 팔을 휘젓느라 구슬땀을 흘리고 있었

다. 그렇게 날갯짓을 하지 않으면 몸이 뜰 수가 없기 때문이었다.

"선생님, 저도 그 둥실둥실인가 두둥실인가 하는 알약 좀 주세요. 날갯짓하느라고 팔이 떨어져 나갈 것 같아요."

"저런, 아로 네 몸이 하늘을 날기에는 너무 무겁다는 걸 깜빡했구나."

"날개만 있으면 마음대로 날 수 있는 게 아닌가요?"

"그럼 타조나 펭귄 같은 새들도 마음껏 날 수 있게? 그 새들이 못 나는 건 몸이 무겁기 때문이야. 하늘을 나는 새들은 다른 동물들과 달리 뼛속이 텅텅 비어 있어서 몸이 아주 가볍기 때문이거든."

"선생님, 몸이 가벼우면 누구나 다 날 수 있는 거예요?"

건우가 고개를 갸웃하며 물었다.

"아니, 물에서 자유롭게 헤엄을 치려면 아가미 말고도 지느러미나 부레 같은 것이 필요하듯이, 하늘에서 마음껏 날아다니려면 기낭이라는 것이 필요하단다."

"기낭? 그게 뭔데요?"

"물고기에게 부레라는 공기주머니가 있는 것처럼, 새들에게는 기낭이라는 공기주머니가 있지. 이 주머니에는 공기가 잔뜩 들어 있어서 새의 몸을 더 가볍게 해 준단다. 또한 기낭은 산소 양이 적은 높은 곳에서 호흡을 쉽게 할 수 있게 도와주지."

공부균 선생님은 말을 잇다 말고 아로를 바라보았다.

아로는 날갯짓을 하느라 지칠 대로 지쳐 있었다.

"하늘 구경은 다음에 해야겠구나."

"아니, 왜요?"

"실은 둥실둥실 약이 딱 세 알밖에 없었거든. 아로한테 날갯짓을 더 하라고 할 수도 없고…….."

"에이, 선생님. 그럼 둥실둥실 약 말고 다른 약은 없어요?"

아로가 물었다. 그러자 선생님은 텅 빈 주머니를 뒤집어 속을 보여 주었다.

"아쉽게도 내가 가진 알약은 이게 다란다. 실험실로 돌아가야지."

"아, 하늘 구경을 좀 더 하고 싶은데……."

아로는 입맛을 쩝 다시며 엘리베이터 문이 있는 쪽을 향해 날갯짓을 했다.

혜리는 그런 아로를 약 올리듯 사뿐사뿐 걸어서 엘리베이터 쪽으로 갔고, 건우는 아로와 눈이 마주치지 않으려고 애쓰며 걸어갔다.

가까스로 엘리베이터 안으로 들어온 아로가 목이 마르다며 얼른 교실로 돌아가자고 했다.

"얘들아, 이번 수업 시간에 배운 게 어떤 내용인지는 알겠니?"

공부균 선생님이 '교실' 버튼을 누르며 물었다.

아이들은 대답 대신 힘차게 고개를 끄덕였다.

지구에는 아주 많은 동물이 있다는 것과 동물들은 저마다 주어진 환경에 맞춰 서로 다른 생김새와 특징을 갖게 되었다는 것. 그것이 아로, 건우, 혜리가 이상한 탐험을 통해 배운 것이었다.

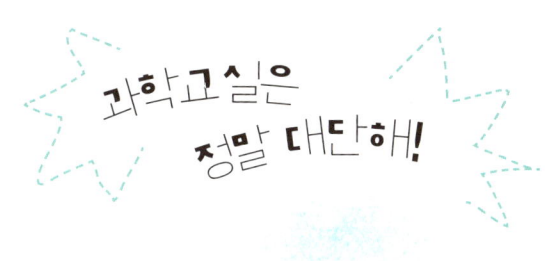

과학교실은 정말 대단해!

"어휴, 목말라."

땀을 뻘뻘 흘린 아로는 물을 병째로 벌컥벌컥 들이켰다. 그러자 아로의 몸이 원래의 모습으로 되돌아왔다. 날개였던 두 팔은 원래의 팔로, 굵고 튼튼했던 두 다리도 원래대로 돌아왔다. 등 가운데에 생겼던 지느러미도 사라졌고 꺼끌꺼끌한 비늘도 사라졌다.

아로의 몸이 원래대로 되돌아오자, 공부균 선생님은 수첩에다 무언가를 적었다.

"선생님, 뭐 하시는 거예요?"

"이번에 만든 약의 부작용이라든가, 그런 것들을 정리해 두는 거야. 다음번 과학교실에서는 더 완벽한 수업을 하려고."

"제발 이상한 약 좀 만들지 마세요."

혜리가 입술을 삐죽였지만, 얼굴은 마냥 싫은 표정이 아니었다. 혜리는 밉상스러운 말을 툭 던져 놓고 미안한 마음이 들었는지 기어들어 가는 목소리로 이렇게 말했다.

"정…… 이상한 약을 만들고 싶으면, 어떤 약인지는 알려 주시라고요. 먹고 당황하지 않게 말이에요."

혜리의 말에 공부균 선생님은 감격스러운 표정을 지었다.

"혜리야, 네가 아빠의 연구를 인정해 주는 거니?"

"인정은 누가! 난 그냥……."

혜리는 말을 얼버무린 채 부엌 쪽으로 쪼르르 뛰어가 버렸다.

아로와 건우는 그런 혜리의 모습을 보고 피식 웃었다. 아마 혜리는 그동안 아이들과 함께한 실험들이 싫지만은 않았던 모양이다.

"그나저나 우린 그만 집으로 돌아가야 하지 않을까?"

건우가 걱정스러운 듯 벽시계를 올려다보며 말했다.

아로는 과학교실을 나가는 것이 아쉬웠지만, 엄마의 잔소리를 생각하며 억지로 발걸음을 뗐다. 그렇게 엘리베이터 안으로 들어간 아로는 '집' 버튼을 누르려다가, 멈칫한 채 눈을 반짝였다.

'땅, 하늘, 물 다 눌러 봤는데 'E' 버튼은 안 눌러 봤단 말이야. 이 버튼을 누르면 어떻게 될까?'

아로는 슬그머니 눈치를 보다가, 건우의 눈이 다른 곳을 향하자마자 재빨리 'E' 버튼을 눌렀다. 순간, 우두둑 소리와 함께 아주 무거운 무엇인가가 움직이는 듯한 소리가 들렸다.

아로는 귀를 쫑긋한 채 소리에 집중했다.

"아빠, 집이 흔들리고 있어! 이게 어떻게 된 거야?"

혜리의 목소리였다.

두우우!

아주 커다란 흔들림이 느껴졌다. 엘리베이터 안에 있던 아로와 건우의 몸이 앞으로 꼬꾸라질 정도였다. 놀란 건우가 있는 힘껏 엘리베이터 문을 열어젖혔다. 그러자 공부균 선생님과 혜리가 서로 부둥켜안고 있는 모습이 보였다. 교실로 돌아온 것이다.

"엘리베이터가 우리를 다른 곳으로 데려다주는 게 아니었나?"

아로가 혼잣말을 내뱉고 있는데 또 한 번 집이 흔들렸다.

"아로야! 설마 E 버튼을 누른 건 아니지?"

놀란 공부균 선생님이 물었다.

아로가 머리를 긁적이며 고개를 끄덕이자, 선생님은 손바닥으로 이마를 탁 치더니 한숨을 내쉬었다.

"이 집이 날아가겠구나."

"네?"

"E 버튼은 집을 움직이는 버튼이거든. 그 버튼을 누르면 이 집이 하늘로 날아가 버린단다. 내가 그 버튼만큼은 누르지 말라고 그렇게 신신당부……."

공부균 선생님이 말을 채 끝내지도 않았는데 아로는 얼른 창가로 달려갔다. 창밖을 내다보니, 집이 정말 하늘로 붕 떠오르고 있었다. 아래를 보니 아로가 사는 동네가 점점 작아져 갔다.

"와, 정말 집이 하늘을 날다니! 공부균 선생님의 과학교실은 정말 대단해!"

2권 날씨 편으로 이어집니다.